UZAA 誕生 ميلاد ‏תולדת‎ ... NAISS

MAHITAJI 欲求 ‏اجات‎ DÜRF

RU 自由 حرية ‏חופש‎ LIBERTY FREIHEIT LI

مساواة ‏שוויון‎ EQUALITY GLEICHHEIT EGALITÉ

É SORELLANZA/FRATELLANZA HERMANDA

LOVE LIEBE AMOUR AMORE AMOR AŞK KÆ

HOME HEIMAT PATRIE PATRIA PATRIA VAT

ЗАЩИТА ULINZI 保護 حماية ‏הגנה‎ PROTEZ

WORK ARBEIT TRAVAIL LAVORO TRABALHO

ONE RECREACIÓN DİNLENME REKREATION OT

‏יצירתיות‎ CREATIVITY KREATIVITÄT CR إ

‏קהילה‎ COMMUNITY GEMEINSCHAFT COM

ь KIFO 死 موت ‏מוות‎ DEATH TOD MORT MO

РОЖДЕНИЕ KUZAA 誕生 ميلاد הולדת BIRTH G

ОТРЕБНОСТИ MAHITAJI 欲求 إحتياجات צרכים N

ВОБОДА UHURU 自由 حرية חופש LIBERTY

O USAWA 平等 مساواة שיוון EQUALITY GLEICH

É/FRATERNITÉ SORELLANZA/FRATELLANZA

حبّ אהבה LOVE LIEBE AMOUR AMORE A

郷 وطن מולדת HOME HEIMAT PATRIE PATRIA

BESKYTTELSE ЗАЩИТА ULINZI 保護 حماية

عمل עבודה WORK ARBEIT TRAVAIL LAVOR

ION RICREAZIONE RECREACIÓN DİNLENME RE

ZI 創造性 إبداع יצירתיות CREATIVITY KRE

共同体 جماعة קהילה COMMUNITY GEMEIN

DØD СМЕРТЬ KIFO 死 موت מות DEATH T

# Pierre Stutz
# Helge Burggrabe

# Menschlichkeit
# JETZT!

Patmos Verlag

HUM>N

**VERLAGSGRUPPE PATMOS**

**PATMOS**
**ESCHBACH**
**GRUNEWALD**
**THORBECKE**
**SCHWABEN**
**VER SACRUM**

Die Verlagsgruppe
mit Sinn für das Leben

Alle Rechte vorbehalten
© 2021 Patmos Verlag
Verlagsgruppe Patmos in der Schwabenverlag AG, Ostfildern
www.patmos.de

Gestaltung: Finken & Bumiller, Stuttgart
Umschlagabbildung: © Dirk Rudolph
Illustrationen: © Helge Burggrabe
Autorenfoto: © Jannick Mayntz
Foto S. 115: © Hans-G. Mekelburg
Druck: Finidr s. r. o., Český Těšín
Hergestellt in Tschechien
ISBN 978-3-8436-1251-7

# Inhalt

# EINSTIMMUNG

## Pierre Stutz:

Ganz Menschsein heißt meine große Sehnsucht, mit der ich in Berührung kam, als der Komponist Helge Burggrabe mir von HUMAN, der tanzenden Hommage an die Menschenrechte, erzählte. (www.human-project.net) Viele Jugendliche in verschiedenen Orten werden tanzend erfahren, was sie brauchen, um ganz Mensch werden zu können.

Bis zu meinem 38. Lebensjahr habe ich als Jugendpastor unzählige Kinder und Jugendliche bestärkt, ihr je eigenes Potenzial zu entfalten, um ein Leben lang ein Original werden zu können und um nicht als Kopie der Ansprüche von anderen ihr Leben zu verpassen. Bis heute erfahre ich Glück und Sinn in meinem Leben, wenn ich andere ermutigen kann, ihre Talente freizulegen und aufzublühen. Geradestehen für das eigene Leben und über sich selbst hinauswachsen zu können, heißt jene Lebenskunst, für die ich mich gerne engagiere. Auf diesem Weg zu mehr Menschlichkeit sind mir die UN-Menschenrechte immer schon eine große Inspirationsquelle und eine alltägliche sozialpolitische Herausforderung.

Weil ich auf meinem ganz persönlichen Weg der Selbstwerdung bis zu meinem zweijährigen Burnout mit 38 Jahren viel zu wenig Sorge auch für mich getragen habe und letztlich mich selbst zu wenig lieben konnte, ist erst durch meinen Zusammenbruch ein neues Bewusstsein gewachsen: Mitgefühl mit mir selbst und mit anderen nicht mehr zu trennen. Eine befreiende Einsicht, dass ich mich nur für die Menschenreche glaubwürdig ein- und aussetzen kann, wenn ich dabei mein ganzes Menschsein, meine Power und meine Verwundbarkeit nicht mehr vernachlässige. Mahatma Gandhi bringt es auf den Punkt: *»Sei du selbst die Veränderung, die du dir wünschst für diese Welt.«*

Ich verdanke Kindern und Jugendlichen sehr viel in meinem Leben, weil sie mich mit ihren originellen und manchmal unbequemen Fragen zu einer geerdeten Spiritualität ermutigt haben. Deshalb lasse ich in meinem Appell für mehr Menschlichkeit besonders viele junge Menschen zu Wort kommen. Da mir seit meinem 16. Lebensjahr Kinofilme eine unerschöpfliche Hoffnungsdimension aufzeigen, erzähle ich gerne, welche Filmszenen der letzten Jahre mich bestärken, mich noch klarer für eine menschlichere Welt einzusetzen, ohne dabei die Lebensfreude zu vergessen …

## Helge Burggrabe:

*»Ich bin Leben, das leben will, inmitten von Leben, das leben will.«* Dieser Gedanke von Albert Schweitzer begleitet mich seit meiner Kindheit, und ich möchte mich zeitlebens dafür einsetzen. Ich bin überzeugt, dass wir Menschen es schaffen können, in einem guten Miteinander mit der Natur und dem Mitmenschen zu leben.

Die von unseren Vorfahren unter dem Eindruck der Schrecken des Zweiten Weltkrieges formulierten UN-Menschenrechte erscheinen mir wie ein Sehnsuchtskatalog eines solchen besseren Miteinanders. Und eigentlich ist es sehr verwunderlich, warum wir uns so schwertun, diese Grundgedanken von Mitmenschlichkeit im Kleinen wie im Großen einfach zu leben. Stattdessen gibt es allzu viele unter uns und auch gewählte Staatschefs und Regierungen, die aktiv die Menschenrechte missachten oder sie untergraben.

Daher ist das HUMAN Culture Projekt für mich wie ein eindringlicher Ruf und entstand aus einer inneren Not-wendigkeit heraus, einem brennenden Bedürfnis, mit den Mitteln von ausdrucksstarker Musik und Tanzperformance die Grundthemen von Mensch-Sein zu »bewegen«, im doppelten Wortsinn. Von Anfang an war mein Traum, dass die von mir komponierten Musikstücke einmal getanzt werden sollten, wie ich es in dem eindrücklichen Kinofilm »Rhythm is it« mit Royston Maldoom oder in den Choreografien von Pina Bausch, John Neumeier, Sasha Waltz und anderen gesehen hatte.

Doch bevor ich mit der Musik-Komposition begann, entwickelte ich erst einmal die Struktur des Werkes. Dabei versuchte ich, die 30 Artikel der UN-Menschenrechte noch einmal zu verdichten, und es kristallierten sich elf zugrundeliegende Lebensthemen heraus: Existenzbedürfnisse (Atmung, Wasser, Nahrung etc.), Freiheit, Gleichheit, Geschwisterlichkeit, Liebe, Heimat und Schutz, Arbeit, Erholung, Kreativität sowie Gemeinschaft.

Zunächst schaute ich, ob es nicht zehn oder zwölf Themen sein könnten, bis mir auffiel, dass die Zahl 11 für mich besonders stimmig ist: In der Kathedrale von Chartres bei Paris, die mir seit 1996 ein lebenswichtiger Ort ist, begegnet mir diese Zahl sehr eindrücklich. Denn das dort im Boden eingelassene weltberühmte Labyrinth als Symbol für das Leben hat 11 Ringe, durch die jede und jeder zur Mitte gehen kann: Die 11 Ringe sind hier Metapher für den Prozess, für den Lebensweg auf der Erde, der noch nicht vollkommen ist.

So entstand die Struktur für die HUMAN Suite für Orchester. Sie ist eine als Lebenskreis gedachte Komposition mit 11 Grundthemen des Mensch-Seins, eingefasst von Geburt und Tod, die den Kreis eröffnen und beschließen.

LOVE

HOME

PROTECTION

WORK

SISTER-/
BROTHERHOOD

RECREATION

EQUALITY

LIBERTY

CREATIVITY

NEEDS

COMMUNITY

BIRTH

DEATH

Als Einstieg in das Komponieren und um eher spielerisch in diese großen Themen einzutauchen, malte ich in den Raunächten im Winter 2018/19 an zwölf Tagen hintereinander jeweils frühmorgens Bilder zu den Themen. Denn mich interessierte, was da in wenigen Minuten an spontanen Assoziationen entstand – ganz frei, ohne Konzept und Komposition. Die Bilder für jedes Thema loten die jeweiligen Gegensätze und Spannungen aus wie Freiheit/Unfreiheit oder Heimat/Heimatlosigkeit und dienten mir fortan als Inspiration für die Musikkomposition.

Diese Bilder waren auch ein erster Auslöser für die Texte von Pierre Stutz. Im Austausch stellten wir beide fest, dass es uns in diesen Zeiten wichtiger denn je erscheint, sich zu engagieren und sichtbar für Überzeugungen einzutreten. Mit diesem Buch möchten wir ermutigen, die »Komfortzone« zu verlassen und Spiritualität mit gesellschaftlichem Handeln zu verbinden.

## Pierre Stutz und Helge Burggrabe:

Wir beide lassen die gesamten Honorareinnahmen dieses Buches dem Kulturprojekt HUMAN zufließen, das am Ende dieses Buches vorgestellt ist. Damit drücken wir unsere Vision aus, dass uns junge Menschen vermehrt aufzeigen können, wie Menschlichkeit dank multikultureller Begegnungen kreativ-verantwortungsvoll gefördert werden kann. Orte der Menschlichkeit brauchen wir auch angesichts der Herausforderungen durch die Corona-Pandemie mehr denn je, die uns massiv mit unseren individuellen und gesellschaftlichen Grenzen konfrontiert. Mit diesem Buch ermutigen wir alle im Sinne der Menschenrechte, nicht auf die Begrenzungen, nicht auf das Unmögliche fixiert zu sein, sondern jeden Tag neu jenen Spielraum zu entdecken, der uns zu einem gemeinsamen Handeln motivieren kann. So wird unsere Lebenslust und unsere Solidarität gestärkt für eine Welt, die menschlicher werden kann und in der auch Klimagerechtigkeit durch einen einfacheren Lebensstil uns zum wahren Glück bewegt.

*Pierre Stutz / Helge Burggrabe*

# DANK

Dieses Buch ist ein besonderes Gemeinschaftswerk, das uns zur Dankbarkeit bewegt. Durch viele Begegnungen wurden wir inspiriert und bestärkt, unsere Vision einer farbenfrohen Welt zu entfalten. Die Ermutigung vieler junger Menschen, die sich mit Kreativität für die Menschenrechte, für Klimagerechtigkeit und kulturelle Vielfalt einsetzen, bestärkt uns. Besonders danken wir Stephan Sager für seine großzügige Unterstützung sowie Elisabeth Bremekamp, Roland Bayer, Almut Jöde und Harald Weß für ihre originell-kritischen Anregungen zum Buch.

Dr. Ulrich Sander hat uns als Lektor des Patmos Verlags mit Begeisterung und Ideen begleitet: wir danken ihm sehr!

**ES IST ZEIT**
einfacher zu leben
dann wächst von alleine das Bedürfnis
alles Überflüssige, Anmaßende
und Verschwenderische loszulassen
äußeren Reichtum in inneren Reichtum
zu verwandeln
und das Glück im Einfachen zu finden.

**ES IST ZEIT**
achtsamer zu leben
wacher im Augenblick zu leben
und das Große im Kleinen zu sehen
anderen Menschen und der ganzen Schöpfung
mit offenem Herzen zu begegnen
und tiefe Liebe, Mitgefühl und Dankbarkeit
für das Leben zu entwickeln.

**ES IST ZEIT**
bewusster zu leben
dann wächst von alleine die Tatkraft
eigene Verhaltensweisen
zu überdenken und zu ändern
entschieden einzutreten für ein gerechteres
Miteinander ohne Ausgrenzungen
und aufzustehen für eine lichtvollere Welt.

**ES IST ZEIT**

Helge Burggrabe

## BIRTH
# Lass dich feiern

»*Jeder Mensch ist ein neuer Anfang, begabt mit der Freiheit zum gemeinsamen Handeln*«, schreibt die Philosophin Hannah Arendt (1906–1975). In diesem Satz verdichtet sie, wofür es sich zu leben lohnt: Jeden Menschen in seiner Einzigartigkeit sehen, seine einmalige Würde achten und ihn unterstützen, ein Leben lang ein Original zu bleiben. In jedem Menschen ist ein unerschöpfliches Potenzial an Fähigkeiten, das es zu entfalten gilt. Jede und jeder von uns ist bewohnt von einem großen Segen: »*Du bist okay, so wie du jetzt bist!*«

Jeder Mensch kann zum Glück ein Leben lang immer wieder klein anfangen. Es ist nie zu spät für uns, wir selbst zu werden. Selbstannahme gelingt nur im Dialog mit anderen, im Wechselspiel von Nähe und Distanz. Der Beginn der Gemeinsamen Erklärung der Menschenrechte, die am 10. Dezember 1948 von der Generalversammlung der Vereinten Nationen (UNO) verkündet wurde, bringt es auf den Punkt: »*Da die Anerkennung der angeborenen Würde und der gleichen und unveräußerlichen Rechte aller Mitglieder der Gemeinschaft der Men-*

*schen die Grundlage von Freiheit, Gerechtigkeit und
Frieden in der Welt bildet ...«*

Dieser Aufruf aus dem Jahre 1948 ist von höchster
Aktualität. Er ist durch all die populistischen Bewegungen, die Identität durch Abwertung und Aus-
grenzung fördern wollen, sehr bedroht. Deshalb ist
meine erste Ermutigung »Lass dich feiern« viel
mehr als ein netter Geburtstagsgruß. Es ist eine
Bestärkung, Widerstand zu leisten für ein Miteinander, in der Selbstentfaltung und Solidarität sich alltäglich ergänzen. Ich fühle mich oft verloren in dieser Welt, weil zu viele Menschen geknickt,
verbogen, missbraucht und ausgebeutet werden,
und ich bin verunsichert durch all die fremden-
feindlichen und rassistischen Parolen, die zutiefst
menschenverachtend und gemeinschaftsschädi-
gend sind. Sie lassen einen uralten Sündenbock-
mechanismus immer mehr salonfähig werden, in
dem die Schwächsten unserer Gesellschaft abge-
wertet werden.

   Umso mehr halte ich jeden Tag Ausschau nach
Verbündeten, die darauf vertrauen, dass das Ethos
einer Gemeinschaft sich glaubwürdig zeigt in der
Art und Weise, wie sie mit den Kleinsten und
Schwächsten umgeht. »America, Switzerland, Ger-
many, Austria first!« ist mir so zuwider! Ich plädie-

re in meinen dreizehn Ermutigungen, die von den dreißig Artikeln der Menschenrechtserklärung inspiriert sind, für ein Fördern der Menschenrechte, das glaubwürdig *zuerst in sich selbst* beginnt.

Lass dich feiern, freue dich voller Dankbarkeit über deine Talente und entfalte sie zum eigenen Wohlbefinden und zur Freude und Stärkung eines Miteinanders, das sich nicht auf Kosten der Schwachen durchsetzt. »Geburtlich leben« nennt die Philosophin Hannah Arendt diese befreiende Lebenskunst, in der ich immer mehr ich selbst werden kann, dank einem inspirierenden Dialog mit andern, in dem das Fremde keine Bedrohung ist, sondern eine Chance, Unbekanntes und Unterbelichtetes im eigenen Leben noch mehr zu entdecken und zu integrieren. Das wird auch konkret sichtbar im Aufruf von Klaus Schwertner, Generalsekretär der Wiener Caritas, Willkommensnachrichten für ein syrisches Mädchen zu schreiben, das erste Neugeborene 2018 in Wien. Das Baby war nach seiner Geburt einer unvorstellbaren Welle von Gewalt- und Hasskommentaren im Netz ausgeliefert, weil seine Mama auf dem Foto ein Kopftuch trägt. In der »Aktion Flower Rain« (www.caritas-wien.at) haben Tausende der jungen Familie Glückwünsche geschrieben.

Der libanesische Film »Capernaum – Stadt der Hoffnung« (2018) der Regisseurin Nadine Labaki beginnt mit einer Gerichtsszene, in der Zain, ein zwölfjähriger Junge, seine Eltern vor Gericht bringt, weil sie ihn auf die Welt gebracht haben, ohne sich wirklich um ihn zu kümmern. Ein aufrüttelnder Spielfilm, in dem die Härte der Kinderarmut schonungslos gezeigt wird, und zugleich ein sehr berührend-hoffnungsvoller Film. Zain macht trotz der himmelschreienden Not viel aus seinem Leben: Er sagt, was er braucht, und er packt zu, indem er sich um ein verlassenes Baby sorgt. Zu zweit ziehen die beiden durch die Slums von Beirut und stecken mich an, mich nicht an Ungerechtigkeiten zu gewöhnen, sondern zu handeln und täglich meinen Glauben an das Gute im Menschen zu erneuern. Jeden Tag verbinde ich mich beim Aufstehen mit Jung und Alt, die weltweit sich für die Würde jeder/ jedes Einzelnen einsetzen. Dank dieser Verbindung kann ich selbst jeden Tag staunen über das Geschenk meiner Geburt und meines Lebens.

# LASS DICH FEIERN

Entdecke dein unerschöpfliches Potenzial
freue dich über deine originellen Talente
stärke dein Selbstvertrauen
du bleibst einmalig und einzigartig

Lebe deine Stärken
weigere dich, eine Kopie
der Erwartungen anderer zu sein
entfalte dich zu einem Original

Nimm dir alltäglich dein Leben
du hast eine ureigene Aufgabe
die nur du erfüllen kannst
steh gerade für dein Leben

Werde du selbst
dank deinem Engagement
für eine menschlichere Welt
die zärtlicher werden kann

# 1. NEEDS
# Lebe bewusster

»*Der Mensch schuf nicht das Gewebe des Lebens, er ist darin nur eine Faser. Was immer ihr dem Gewebe antut, das tut ihr euch selber an*«, heißt eine Weisheit von Häuptling Noah Seattle (1786–1866). Seine Worte sind hoch aktuell. Sie erinnern uns, dass wir ein Teil dieser Erde sind. Deshalb erfährt der weise *native American* die duftenden Blumen als seine Schwestern und die Pferde als seine Brüder, genauso wie Franz von Assisi (1181–1226) in der Verbundenheit mit Bruder Sonne und Schwester Mond lebte. Ethik kann sich entfalten, wenn wir miteinander lernen, unsere Bedürfnisse auszusprechen und sie einzufordern. Diese wichtige Lebensgrundhaltung gelingt jedoch nur, wenn wir unsere Bedürfnisse nicht auf Kosten von anderen und der Natur entfalten. Deshalb bin ich den Schüler*innen von *Fridays for Future* unendlich dankbar, dass sie nicht lockerlassen und auch uns Erwachsene zu regelmäßigen Demos auffordern. Ich schöpfe Hoffnung, wenn ich mit vielen jungen Menschen durch die Straßen von Osnabrück schreite und mit ihnen laut schreie:

»Wir sind hier, wir sind laut, weil ihr uns die Zukunft klaut!«

Ich bin sehr bewegt, wenn ich die Reden zum Klimaschutz von Greta Thunberg (* 2003) lese, weil
sie Hoffnung mit Handeln verbindet. Damit ent-
larvt sie unsere Bequemlichkeit, in der zu schnell
dringende Überlebensfragen verharmlost werden.
Wenn die 16-jährige Greta am 25. Januar 2019 am
Weltwirtschaftsforum in Davos sagt: »Ich will,
dass ihr in Panik geratet ... Ich will, dass ihr han-
delt, als stünde euer Haus in Flammen. Denn das
ist der Fall«, dann werde auch ich aufgewühlt,
meinen Lebensstil zu vereinfachen.

Angst und Panik können schlechte Ratgeber
sein, das ist bekannt. Greta bringt jedoch in wenigen Worten auf den Punkt, dass Angst und Panik
uns auch schützen können, damit wir nicht wie
bisher einfach so sorglos mit der Erde umgehen,
als hätten wir eine zweite in unserem Keller. Bewusster zu leben in ökologischer Achtsamkeit ist
möglich und not-wendend. Eigenverantwortung
ist gefragt. Als Jugendlicher habe ich 1968 in der
68er-Bewegung gelernt, dass wir die Welt verändern können. Dieses Lebensgefühl ist trotz vieler
Zweifel immer noch tief in mir verwurzelt. Tief im
Innersten bin ich daher berührt, wenn ich in den

Reden von Greta erfahre, dass sie durch ihre Zer-
brechlichkeit (Depressionen mit elf Jahren, Autis-
tin) ihre ureigene Lebensaufgabe gefunden hat.
Ich bleibe ein unverbesserlicher, hoffender
Mensch, weil auch ich in meinem ganz persönlichen Lebensweg mühsam-befreiend erfahren
habe, dass meine wunden Punkte zu Perlen werden können. Dies gelingt, wenn wir miteinander
einüben, zu unseren Schwächen zu stehen, weil
sich daraus unsere Stärken entwickeln können.
Wie leicht sich das schreibt – und wie anspruchs-
voll es ist! All die existenziellen Appelle der Menschenrechtserklärung haben nur eine Chance,
wenn sie auch in uns selbst verwirklicht werden,
denn nur dann können wir nach ihnen wirkungs-
voll handeln. Eigene Grundbedürfnisse wahrzu-
nehmen und auszudrücken ist entscheidend für
ein glückliches Leben. Eigene Bedürfnisse in Verbindung mit den Bedürfnissen aller Menschen
und der Natur zu verknüpfen ist überlebensnot-
wendig. Im Einfordern von Klimagerechtigkeit
wird dieser zentrale Zusammenhang aufgezeigt.
Greta sagt es in klarer Kürze in ihrer Rede auf der
UN-Klimakonferenz in Kattowitz am 3. Dezember
2018: Reiche Länder müssen ihre Emissionen
innerhalb von sechs bis zwölf Jahren auf Null re-
duzieren, damit Menschen in ärmeren Ländern

ihren Lebensstandard erhöhen können, indem sie
einen Teil der Infrastruktur aufbauen, die wir be-
reits besitzen: Krankenhäuser, Stromversorgung
und sauberes Trinkwasser.

Im isländischen Film »Gegen den Strom« (2018)
von Benedikt Erlingsson begegne ich der fünfzig-
jährigen Chorleiterin Halla, die eine ansteckende
Menschenfreundlichkeit ausstrahlt. Die Natur ist
ihre Kraftquelle, und so kämpft sie heimlich, ille-
gal als leidenschaftliche Umweltaktivistin für die
Rettung des isländischen Hochlandes. Ein genialer
Film, den ich an den Nordischen Filmtagen in Lü-
beck gesehen habe, bei denen er vier Preise erhielt. Mit knochentrockenem Humor und vielen
kreativen Gags verstärkt dieser Film in mir die
Hoffnung, dass immer mehr Menschen, Jung und
Alt, farbenfroh-widerständig, sich die Zukunft
nicht stehlen lassen, sondern in Selbstverantwor-
tung einen einfachen Lebensstil fördern, indem
du und ich und wir auch unsere Lebensfreude genießen dürfen.

## LEBE BEWUSSTER

Blühe auf dank einem einfachen Lebensstil
der sich farbenbunt und kreativ
im Widerstand für Klimagerechtigkeit
mit anderen entfalten kann

Lass dir deine Zukunft nicht klauen
sie ist verknüpft mit dem Klimaschutz
sie ist verwoben mit der Würde für alle
sie ist verwurzelt im göttlichen Grund

Lerne, deine Bedürfnisse auszusprechen
im verantwortungsvollen Bewusstsein
Teil unserer wunderbaren Erde zu sein
deren Ressourcen unseren Schutz brauchen

Lebe bewusster im Einklang mit der Natur
damit du kraftvoll-verwundbar sein darfst:
deine Schwächen werden zu Stärken
deine Zweifel zu Hoffnungstaten

## 2. LIBERTY
# Befreie dich von Zwängen

*»Als ich aus der Zelle durch die Tür in Richtung Freiheit ging, wusste ich, dass ich meine Verbitterung und meinen Hass zurücklassen musste, oder ich würde mein Leben lang gefangen bleiben«*, schreibt Nelson Mandela (1918–2013), der erste Schwarze Präsident in Südafrika. Treffend drückt er aus, dass ein ganzheitlicher Freiheitskampf auch die Entfaltung der inneren Freiheit braucht. Amnesty International ist für mich *die* glaubwürdige Organisation, die sich weltweit für die Menschenrechte einsetzt. Seit meiner Jugendzeit verschicke ich dank der Briefvorlagen von Amnesty monatlich Briefe an alle Regierungen, die das Recht der Freiheit des 2. Artikels missachten: *»Jeder hat Anspruch auf die in dieser Erklärung verkündeten Rechte und Freiheiten ohne irgendeinen Unterschied, etwa nach Rasse, Hautfarbe, Geschlecht, Sprache, Religion, politischer oder sonstiger Überzeugung, nationaler oder sozialer Herkunft, Vermögen, Geburt und sonstigem Stand.«*

Ich bin als Mann, der einen Mann liebt, den ich im Sommer 2018 in der Friedensstadt Osnabrück geheiratet habe, noch mehr sensibilisiert und zornig über all die Staaten und Religionsgemeinschaften, die Minderheiten diskriminieren und verfolgen. Um mich jedoch nicht in einer polarisierenden Hetze zu verlieren, versuche ich, Tag für Tag darauf zu achten, meine innere Freiheit zu entfalten, indem ich nicht Gefangener von pauschalisierenden Verurteilungsmustern werde. Dabei ist mir auf meinem spirituellen Weg besonders wichtig geworden, dass die eindrücklichen Worte von Nelson Mandela nie ein für alle Mal umsetzbar sind. So wie ich jeden Tag auf meine Körperpflege achten darf (sie wird bis *open end* nie abgeschlossen sein), so darf ich auch auf meine Gedankenpflege achten, indem ich nicht nur Protestbriefe verschicke, sondern akzeptiere, dass ich ein Leben lang an meiner inneren Befreiung von Zwängen und Ängsten arbeiten darf, damit Sätze wie *»Was denken die andern? Du genügst nicht! So etwas macht man nicht! Wo kämen wir hin, wenn …! Die Mehrheit hat immer recht!«* nicht Macht über mich behalten.

Rosa Luxemburg (1871–1919), eine einflussreiche Kämpferin der europäischen Arbeiter*innen-Bewegung, sagt: *»Nur wer sich bewegt, spürt seine*

*Fesseln«.* Deshalb bin ich so begeistert vom Tanzprojekt HUMAN, weil ich fest davon überzeugt
bin, dass wir unsere engen Gedankenmuster
durch Bewegungen und Begegnungen aufspren-
gen lassen können. Wirklich freie Menschen werden wir, wenn wir uns zuerst eingestehen, wo und
wie wir uns selbst im Wege stehen, um toleranter
gegenüber Andersdenkenden und -fühlenden zu
werden. Auch Jesus, der Friedensmensch aus Nazareth, strahlt diese befreiende Weite aus, indem
er in seinen Begegnungen mit Menschen nicht auf
das fixiert war, was trennt, sondern sah, was verbindet: den göttlichen Kern, der in jeder und jedem von uns anwesend ist.

Diesen unermüdlichen Glauben an das Gute im
Menschen entdecke ich auch im Leben der Wider-
standskämpferin Cato Bontjes van Beek (1920–
1943). Cato bestärkt mich im Vertrauen, dass wir
sogar in den grausamsten Zeiten unseres Lebens
über uns hinauswachsen können. *»Ich liebe das
Leben und die Menschen unendlich, und darum
gehe ich ohne einen Groll aus dem Leben oder gar
Hass«,* schreibt sie, als sie von ihrer Hinrichtung
erfährt. Unglaublich! Im bewegenden Konzertfilm
CATO (2020) von Helge Burggrabe wird ihre Lebens-
geschichte anhand ihrer Briefe in Wort und Musik
entfaltet (www.youtube.com/musicainnova).

Meryl Streep zähle ich zu meinen Lieblingsschau-
spielerinnen, weil sie in ihren vielfältigen Rollen
aufzeigt, was wir alles zum Leben brauchen, und
weil sie sich immer wieder pointiert zu politischen Themen äußert. Im Film »Die Verlegerin«
(2017) von Steven Spielberg spielt sie glänzend
Katherine Graham, die erste Frau, die als Verlegerin die US-amerikanische Tageszeitung »Washing-
ton Post« leitete. Der Film ist ein leidenschaftli-
ches Plädoyer für eine freie Presse und für mich
eine hervorragende Ermutigung, allen Befürch-
tungen zum Trotz der eigenen Herzensstimme zu
trauen. Wenn ich einen Kommentar in einer Zei-
tung lese, dann erinnere mich jedes Mal, dass dies
die Meinung *einer* Person ist und es auch viele
andere Meinungen geben kann und darf. Ohne
dieses Bewusstsein besteht unbewusst die Ge-
fahr, dieser einen Meinung viel zu viel Macht zu
geben. Beherzt gelassen-kämpferisch sich für eine
Vielfalt in der Verbundenheit einzusetzen fördert
unser demokratisches Zusammensein.

# WERDE INNERLICH FREI

**Werde innerlich frei**
**nimm achtsam wahr**
**was dich gefangen hält**
**geh deinen Zwängen auf den Grund**

**Steh auf mit anderen**
**für eine tolerante Welt**
**in der die Freiheit für alle**
**vielfältig verwirklicht wird**

**Werde innerlich frei**
**von einengenden Mustern**
**sei in deinem Element**
**im langen Atem der Hoffnung**

**Gewöhne dich nie**
**an Diskriminierungen**
**erhebe deine Stimme**
**für die Menschenrechte**

## 3. EQUALITY

# Werde kämpferisch- gelassen

»Wir, die Menschen in Europa, haben unseren Regierungen erlaubt, aus dem Meer eine Mauer zu machen ... Aber es gibt eine Zivilgesellschaft, die für geltendes Recht kämpft. Und ich bin ein Teil davon ... Die Pflicht, Menschen aus Seenot zu retten, darf niemals in Frage gestellt werden«, sagt die 31-jährige Carola Rackete, Kapitänin der »Sea-Watch 3«, die am 12. Juni 2019 zusammen mit ihrer Crew 53 Flüchtlinge aus dem Mittelmeer gerettet hat. Dieses vorbildliche gemeinsame Handeln verdeutlicht, wie aktuell und bedroht der Kerngedanke der Gleichheit der Menschenrechtserklärung ist. Mich beeindrucken die wenigen Worte dieser jungen Frau, in denen sie in Klarheit ausspricht, was wirklich nottut. Sie bleibt nicht in der Anklage stecken, sondern sieht sich als Teil in der gemeinsamen Verantwortung, zu handeln, auch wenn ihr das Gefängnis droht. Ich bringe dieses mutige Engagement der ganzen Crew in

Verbindung mit meinem Lebensmotto, das ich mit »engagierter Gelassenheit« umschreibe. Damit will ich ganz bewusst den Gegensatz zwischen Besonnenheit und Tat, zwischen Engagement und Rückzug auflösen.

Als Jugendlicher hat mich das Konzil der Jugend in Taizé nachhaltig zu dieser geerdeten Spiritualität geführt. Frère Roger Schutz (1915–2005) bringt es auf den Punkt mit drei Worten: »Kampf und Kontemplation«. Eine Lebenskunst der guten Balance ist damit gemeint, um sich von den unzähligen, himmelschreienden Ungerechtigkeiten nicht ohnmächtig und resigniert gefangen halten zu lassen. Beim täglichen Einüben einer kämpferischen Gelassenheit, in der ich mich »*nur für heute*« entscheide, wo ich zupacken will und wo ich akzeptiere, was sich heute noch nicht verändern lässt, brauche ich immer wieder Verbündete, die mich erinnern, dass es sehr wohl auf mich ankommt und zugleich nie von mir allein abhängt. Ich finde Verbündete in allen Kulturen und Religionen, in der Kunst und im Humor. Im Sommer 2019 habe ich in der Kunsthalle in Emden die Ausstellung »OTTO Coming Home (he kummt nach Huus)« besucht, die die Heimatstadt des Comedian Otto Waalkes zu seinem 70. Geburtstag zeigte. Da lese ich an der Wand folgende Worte von

Otto: »*Malen und Zeichnen macht mir Spaß. Das ist Meditation, genau wie das Gitarrespielen: Nix denken – versenken!*« Wow, das gefällt mir, weil ich darin die Weisheit entdecke, dass wir alle Momente kennen, in denen wir in etwas Größerem aufgehen: voll da und ganz weg! Die anstrengende Trennung von Sich-Bemühen und Sich-gehen-Lassen ist einfach aufgehoben! Schönstes Glück ereignet sich im herzhaften Lachen und im engagierten Widerstand für die Rechte aller Menschen. Lebensfreude und Ernsthaftigkeit umarmen sich auf einem erfüllten Lebensweg.

Mit Erschrecken lese ich, dass immer mehr Kinder an Schlafstörungen leiden und die Jugendorganisation PRO JUVENTUTE angesichts der Zunahme suizidaler Gedanken von Kindern und Jugendlichen mit dem Slogan »Weniger Druck, mehr Kind« Alarm schlägt. Für mich ist offensichtlich, dass unserer Gesellschaft anscheinend ein gesunder, ausgeglichener Lebensrhythmus immer mehr abhandenkommt.

Eine engagierte Gelassenheit wagt die Gratwanderung zwischen jenen, die alles fahren lassen (nach uns die Sintflut), und jenen, die in ihrem grenzenlosen Aktivismus Raubbau betreiben mit ihren körperlich-geistigen Ressourcen.

Der israelische Film »Mein Herz tanzt« (2014) von Eran Riklis ist eine berührende Parabel, in der von einer hoffnungsvollen und schwierigen Liebe zwischen Naomi, einer jungen Israelin, zu Eyad, einem mitstudierenden Palästinenser erzählt wird. Ein starkes Plädoyer für ein friedvolles Zusammenleben, weil dank einer inneren Freiheit von Konventionen der gegenseitige Respekt wachsen kann. Schimon Peres (1923–2016), von 2007–2014 israelischer Staatspräsident, sagte nach dem Kinobesuch: »Nachdem ich diesen Film gesehen habe, bin ich voller Hoffnung, dass dieses Land noch schöner werden kann, wenn es ein Recht auf Vielfalt gibt und wenn wir die Verschiedenartigkeit jedes einzelnen Menschen erkennen.« Der Weg zu dieser Lebenseinstellung ist leider noch sehr steinig. Dank vieler junger Menschen werden die Steine benutzt, um Brücken zu bauen, die in die Freiheit und Toleranz führen.

# WERDE KÄMPFERISCH GELASSEN

Gelassen-kämpferisch
im Fluss des Lebens sein
klar-besonnen eintreten
für die Rechte aller Menschen

Engagiert-humorvoll
sich dem Leben stellen
Widerstände ernstnehmen
sie mit Humor verwandeln

Beherzt-reflektiert
sich treu bleiben
in Konfliktfähigkeit
in Versöhnungsbereitschaft

Kämpferisch-gelassen
nur für heute
nächste Schritte
zur Veränderung wagen

## 4. SISTER-/BROTHERHOOD
# Steh auf für Zivilcourage

*»Menschen fangen an, ihr System zu hinterfragen, das ist bis heute entscheidend und vor allem, dass aus dem Hinterfragen etwas Konstruktives entsteht ... die Lust am politischen Engagement wächst bei jungen Menschen, damit sie sich aus der Ohnmacht in einer ›Marktdiktatur‹ befreien. Es ist wichtig, die Freiheit des Einzelnen auszubauen, ohne dass wir Egoisten werden«,* sagt der Schauspieler Jonas Dassler (*1996), der 2018 für seine Rolle im Film »Das schweigende Klassenzimmer« von Lars Kraume den Bayrischen Filmpreis als bester Nachwuchsschauspieler erhalten hat. Eine wahre Begebenheit steht hinter diesem Film: 1956 beschließt in Stalinstadt (in der ehemaligen DDR, heute Eisenhüttenstadt) eine Schulklasse nach dem Ungarn-Aufstand eine Schweigeminute abzuhalten. Den Schüler*innen droht danach ein Verbot, ihr Abitur abschließen zu können. Spannend und sehr lebensnah entfalten für mich viele hervorragende junge Schauspieler*in-

nen das zentrale Lebensthema der Zivilcourage.
Dabei geht es nicht nur um einen ganz persönlichen Gewissensentscheid, sondern auch um die
Konsequenzen, die die Familien der mutigen Student*innen betreffen können. Ohne jemanden vereinnahmen zu wollen, beinhaltet für mich diese
bemerkenswerte Aussage von Jonas Dassler eine
zentrale spirituelle Komponente: Hinterfragen,
um Konstruktives entstehen zu lassen. Inspirierende Weisheitslehrer*innen in allen Kulturen
leben in dieser existenziellen Spannung von Anpassung und Rebellion. Kompromisse sind wichtig
im Gestalten von Beziehungen.

Wer sich jedoch nicht verbiegen lassen will
und wer sich morgens im Spiegel ins Angesicht
schauen möchte, der kommt nicht darum herum,
sich zu fragen, ab wann er sich selbst bei einem
Kompromiss im Stich lässt ... All die ermutigenden
Beispiele wie die gewaltfreien Proteste in Hongkong, Venezuela, die Bewegung der »Sardinen« in
Italien, die friedlichen Initiativen zur Rettung des
Hambacher Forstes, der erfolgreiche Protest von
Saúl Luciano Lliuya, einem peruanischen Kleinbauer, der gegen RWE klagte und ... und ... und ...
sind für mich wichtige Hoffnungszeichen, die mir
aufzeigen, wofür es sich zu leben lohnt.

Deshalb ist es kein Zufall, dass ich mir den Film »Das schweigende Klassenzimmer« schon viermal angeschaut habe. Denn er bringt mich auch in Verbindung mit meiner Geschichte, in der ich als Bürgermeistersohn mehrmals täglich konditioniert wurde, darauf zu achten, was die anderen, sprich die Mehrheit denkt. In der Begegnung als 16-Jähriger mit dem Friedensmenschen aus Nazareth hat sich in mir diese Gefangenschaft aufgelöst; was nicht heißt, dass ich mich nicht auch heute selbst überwinden muss, wenn ich in einem Leserbrief authentisch meine Meinung einbringen will oder wenn ich zu meiner Begrenztheit stehe und damit jemanden durch eine Absage enttäusche.

Die Erklärung der Menschenrechte mit ihrem Leitgedanken der Geschwisterlichkeit ermutigt mich zu einem Geradestehen für mein Leben. Eine alltägliche Herausforderung! Denn ich erlebe immer noch zu viele Menschen, die in ganz unscheinbaren Alltagssituationen sich nicht getrauen, dem Leben zuliebe auch Nein zu sagen; geschweige denn, in der Straßenbahn, in der Kneipe, wenn fremdenfeindliche Parolen mit erniedrigenden Witzen zum Besten gegeben werden, aufzustehen, sich zu wehren und allenfalls aus Protest den Raum zu verlassen.

Geschwisterlichkeit ist ja kein romantisches
Wort, sondern die befreiende Entlastung, dass zu
einer echten Selbstwerdung eine entlastende
Konfliktfähigkeit gehört. Mit Geschwisterlichkeit
verbinde ich die Hoffnung, dass Menschen einander auf Augenhöhe begegnen, in der Bereitschaft,
»natürliche« Lebensthemen – wie Den-eigenen-
Platz-Finden, Rivalität, Gesehen- und Gehört-Wer-
den, Neid, Verbundenheit in Verschiedenheit –
miteinander empathisch und konstruktiv
anzugehen. Was sich so leicht schreibt, ist manchmal ein jahrelanger Prozess. Er ist not-wendend,
das eigene Selbstvertrauen zu stärken, um Zivilcourage wagen zu können. Von meinen Eltern
habe ich gelernt, mich für andere zu wehren. Viele
Jahrzehnte brauchte ich, um mich auch für mich
selbst wehren zu können. Heute gehört beides un-
zertrennbar zusammen: auf der Straße demons-
trieren für Klimaschutz und Rüstungsstopp
(jeder Krieg ist ein Verbrechen an der Menschheit) und zugleich auch in der Familie und im
Freundeskreis zu meinen Gaben und meinen
Grenzen zu stehen.

# STEH AUF FÜR ZIVILCOURAGE

Mein Rückgrat stärken lassen
im Entfalten meines Selbstvertrauens
meinen Standpunkt einbringen
im Geradestehen für mein Leben

Zivilcourage wagen
selbst denken dürfen
in der Opposition sein
um Minderheiten zu schützen

Mutig-selbstbewusst
für Ideale kämpfen
deren Früchte ich nicht
selbst ernten werde

Mit beiden Füßen
auf dem Boden stehen
tief ein- und ausatmend
sich aufrichten lassen

Sich verbinden mit
Jung und Alt
die weltweit aufstehen
für mehr Menschlichkeit

## 5. LOVE
# Beflügle dich zur Liebe

*Heut ist Reigen, Tanz ist, Tanz ist, Tanz!*
*Licht ist heut und Glanz ist, Glanz ist, Glanz!*
*Abschied vom Verstand ist, vom Verstand,*
*weil die Liebe ganz ist, ganz ist, ganz!*

Dieses berührende Gedicht des islamischen Poeten Rumi (1207–1273) ist mir ans Herz gewachsen. Gerne sage ich es mir und anderen immer wieder laut vor, um mich zu erinnern, dass sich uns der tiefste Sinn unseres Lebens als Liebende zeigt. Mit allen Sinnen die bezaubernde Kraft der Sinnlichkeit zu erfahren: Eros als göttliche Kraft, die uns beglückt und bestärkt, liebend, lustvoll-zärtlich, mit-fühlend mit uns selbst, mit anderen und in der Natur unterwegs zu sein. Die dreißig Artikel der Menschenrechtserklärung sind für mich eine kraftvolle Hymne an die Liebe. Eine ganzheitliche Liebe, in der die unantastbare Würde eines jeden Menschen in seiner zwischenmenschlichen, rechtlichen und ökonomischen Dimension

entfaltet wird. Liebende halten Ausschau nach
einer sinnlichen Schönheit, um staunend Kraft zu
schöpfen für eine zärtlichere Menschlichkeit.

*Die Schönheit wird die Welt retten«*, schreibt der
russische Schriftsteller Fjodor Dostojewski (1821–
1881). Eine provokante Aussage, die mir jeden Tag
hilft, trotz grausamer Menschenrechtsverletzun-
gen nie zu vergessen, wie viel Schönes mir heute
geschenkt wird.

Geliebt zu werden, anerkannt zu sein in meinem und unserem Sosein wie auch gehört und
gesehen zu werden, heißen unsere größten Ur-
wünsche, die uns mit allen Menschen verbinden.
In diese weltweite Verbundenheit in der Verschiedenheit lockt uns die Liebe. Sie lehrt uns, dass
Nähe und Distanz, Lachen und Weinen, Konfliktfähigkeit und Bereitschaft zum Verzeihen zu einer
beglückenden Beziehung gehören.

Leider haben die Religionen immer wieder ver-
sucht, Sexualität und Religion voneinander zu
trennen, aus Angst vor dieser Urkraft und um
Macht ausüben zu können, vor allem Männer über
die Frauen! Diesem Verrat an der interreligiösen
Hoffnung, dass Gott unendlich liebend ist, stelle
ich mich mit meinem ganzen Dasein entgegen. Die
Liebe Gottes ereignet sich nicht nur, wenn wir so-
zial tätig sind, sondern genauso in der erotischen

Kraft der Liebenden, die seit Menschengedenken die engen Grenzen aufgebrochen hat. Deshalb ermutige ich alle, sich für eine Kultur der Zärtlichkeit zu engagieren, wie das Projekt HUMAN es entfaltet. Tänzerisch unterwegs zu sein, ist ein wunderbar sinnlich-göttlicher Ausdruck, der Menschen verschiedenster Nationen und Kulturen verbindet.

»*Wenn Menschen zusammen tanzen können, dann können sie auch zusammen leben*«, sagt Royston Maldoom, der Choreograf, der das HUMAN Culture Project künstlerisch begleitet. Ich ergänze diesen inspirierenden Gedanken: Tanzende Menschen werden beflügelt zu einer universellen Liebe! Es ist kein Zufall, dass in allen Religionen der Tanz als Symbol gesehen wird für das Geschenk unseres Lebens: der sinnliche Atem Gottes, der alles beseelt. Zum Tanzen braucht es höchste körperliche Präsenz und intensives Training, damit wir irgendwann im bodenständigem Körperausdruck abheben können und – wow – voll da sind und ganz weg! Es sind jene Glücksmomente, in denen die Tänzerin oder der Tänzer »zum Tanz wird«. Tanzen lockt unsere Lebendigkeit und unsere Leichtigkeit hervor und zugleich mutet es uns zu, durch die Klarheit der Körpersprache auf unsere Blockierungen und unterbelichteten Lebensthemen aufmerksam gemacht zu werden.

Im bezaubernden Film »Call me by your name« (2017) von Luca Guadagnino verlieben sich im Sommer in der wunderschönen italienischen Lombardei zwei junge Männer ineinander. Der Film entfaltet eine wunderbare Sinnlichkeit, die Menschen einander in ihrer ganzen Würde näherbringt. Als Elio seinem Vater stammelnd von seinem Verliebtsein erzählt, sagt sein Papa ihm: *»Und wenn du es am wenigsten erwartest, hat die Natur clevere Wege, unseren Schwachpunkt zu finden ... Denk daran, ich bin immer für dich da!«* Diese Lebensweisheit habe ich selbst erfahren. In den verzweifelten Momenten meines Lebens hat mein Körper rebelliert mit verschiedenen Krankheiten, um mir Mut zu machen, wirklich zu mir zu stehen. So konnte ich meine panische Angst vor Liebesentzug verwandeln in ein Vertrauen, in meinem Sosein geliebt zu sein. Es ist nie zu spät, zu sich selbst entlassen zu werden!

# BEFLÜGLE DICH ZUR LIEBE

Lass dich zur Liebe beflügeln
sei ein erotischer Mensch
der eine Kultur der Zärtlichkeit
mit allen Sinnen fördert

Tanze dich in die Liebesmelodie hinein
bewege dich mit höchster Präsenz
mit ansteckender Leichtigkeit
zum Abheben ins Hier und Jetzt

Genieße die Schönheit des Lebens
sie lockt dich zum Staunen
sie schenkt dir Kraft
für eine zärtliche Gerechtigkeit

Tanze für die Liebe
stampfe dich frei
von Ohnmacht und Angst
verbinde Erde und Himmel

## 6. HOME
# Sei auch bei dir selbst zu Hause

Im Sommer 2019 teilt das Flüchtlingshilfswerk der Vereinten Nationen (UNHCR) mit, dass erstmals weltweit mehr als 70 Millionen Menschen auf der Flucht sind. Eine erschreckende Zahl! Genauso wie die Zunahme von häuslicher Gewalt, von 28 Kriegen weltweit … Beim Lesen solcher Nachrichten spüre ich hautnah, wie mich Ohnmacht und Resignation umzingeln wollen. »Was kann ich als Einzelne/r schon dagegen tun?«, heißt die lähmende Frage, die ein kräftiges Futter für Tatenlosigkeit ist.

Ich will diese Spannung aushalten, weil ich *ganz* Mensch sein möchte. Ein Mensch, dem das Glück so viele Türen öffnet, ein Mensch für den es nicht selbstverständlich ist, in einer einfach-schönen Wohnung zu leben, und ein Mensch, der vor dem Schmerz, auch einem Weltschmerz, nicht davonläuft. Und was mache ich, um nicht in der Resignation stecken zu bleiben? Sicher nicht schönreden und vertrösten, jedoch mich erinnern, was in keiner Statistik steht: dass JETZT weltweit, Jung und

Alt, sich für ein friedvolleres Zusammensein engagieren. Deshalb gehört es zu meinem Tagesrhyth-
mus, regelmäßig einen kleinen Moment innezuhal-
ten, wo immer ich bin, tief ein- und auszuatmen, um
mich mit beiden Füßen auf dem Boden zu verbinden mit all den Menschen, die sich auch für mehr
Menschlichkeit einsetzen. Zugleich weiche ich meine Ohnmacht auf, in dem ich mich lokal und global
ganz konkret für Menschen engagiere, damit eine
Zahl wie 70 Millionen keine Zahl bleibt, sondern
Gesichter und Geschichten von Flüchtenden erhält.

Als ich mich im 2017 mit dem Gedanken anfreun-
dete, von der Schweiz nach Norddeutschland um-
zuziehen (kein leichter Schritt für mich!), bin ich
dem Lebensthema »Wo bin ich eigentlich zu Hause?« wieder neu begegnet. Es kam mir auch in der
Fußgängerzone in Osnabrück entgegen, als ich Adnan und Hasan, zwei junge syrische Männer an ihrem Falafel-Stand, oft in der Kälte, kennenlernte.
Ich mag Falafel und Humus, und ich war von Anfang berührt, wie hoffnungsvoll sie nach ihrer
Flucht aus Damaskus in die Zukunft blicken. Beide
haben Grausames erlebt, und irgendwann war die
Bedrohung so groß, dass nur noch die Flucht zum
Überleben übrigblieb. Zwei Jahre später erst haben
sie sich in Deutschland kennengelernt. Als ich sie
nach ihrer Hoffnung frage, sagt Adnan, der mit sei-

ner Frau und zwei kleinen Töchtern hier lebt: »Ich gebe nicht auf, sondern ich baue auf ...« Hasan schöpft Hoffnung, wenn er in die Augen seiner kleinen Tochter schaut, die er erst zwei Jahre nach ihrer Geburt zum ersten Mal in Deutschland sah, als seine Frau mit den drei Kindern endlich nachziehen konnte. Was wie ein Märchen tönt, ist heute eine bestärkende Hoffnungsgeschichte: Nach zwei Jahren haben nun die beiden Familien in der Osnabrücker Innenstadt in der Krahnstraße 22 ein Restaurant eröffnet mit dem schönen Namen: »Die Laterne. Magie des Morgenlandes«.

Ich war sehr berührt, als die beiden mich fragten, ob ich bei der Eröffnung des Restaurants Ende April 2019 eine kleine Rede halten würde. In meinem Berührt-Sein brachte ich zum Ausdruck, dass ich mich in den vielen Begegnungen mit den beiden immer als Beschenkter fühle. Die beiden drücken für mich eine hoffnungsvolle Menschlichkeit aus. Ihre Lebensgeschichten stehen für das Vertrauen, in Zeiten größter Verzweiflung auf eine innere Lebenskraft hoffen zu können. Dabei blende ich nicht aus, dass zu viele Menschen am Schweren zerbrechen können, weil nicht genügend Kraft zum Weiterleben vorhanden ist. Diese Lebenshärte wird mich jedoch nicht hindern, erst recht weiter zu hoffen und zu kämpfen für eine friedvollere Welt.

Von dieser Ermutigung zur Lebendigkeit erzählt auch der wunderbare Spielfilm »Yuli« (2018) der spanischen Regisseurin Iciar Bollain. Sie verfilmte die Autobiografie des kubanischen Ballett-Tänzers Carlos Acosta, der als erster Schwarzer Tänzer im Royal Ballet in London die Hauptrolle erhält. Fantastische Tanzszenen bringen mich mit meiner langen Heimatlosigkeit in Berührung. Spät habe ich gelernt, auch in mir selbst zu Hause zu sein, zu lange suchte ich im Außen, was in mir selbst gefunden werde möchte: die Zusage, bewohnt zu sein von einem großen Ja, einem großen Segen, der befreit vom Zwang, es allen recht machen zu sollen. In den dunkelsten Stunden meines Lebens, in denen ich mich nirgends zu Hause fühlte, weil ich mich in meinem eigenen, inneren Haus nicht mehr zurechtfand, erfuhr ich die not-wendende Wandlung in meinem Leben, auch gut mit mir selbst zu sein, um nicht mehr vor sich selbst auf der Flucht sein. Der Film »Yuli« bestärkt mich auch im Vertrauen, dass es nie zu spät ist, sich mit seiner Geschichte zu versöhnen. Manchmal braucht es viele Umwege, um bei sich selbst ankommen zu können.

# SEI AUCH BEI DIR SELBST ZU HAUSE

Bei sich selbst zu Hause sein
sich freuen über die geschenkten Talente
sich anfreunden mit seinen dunklen Seiten
auch mitfühlend mit sich selbst sein

Eine Willkommenskultur wagen
Flüchtlingen eine Chance geben
Weltenbürger*in sein
bewegt zur Gastfreundschaft

Im Schöpfungshaus wohnen
Klimagerechtigkeit umsetzen
kämpferisch-schützend
einfach glücklich leben

Bei sich selbst ankommen
nicht mehr fremdbestimmt leben
mutig seinen ureigenen Weg gehen
in tiefer Verbundenheit mit allem

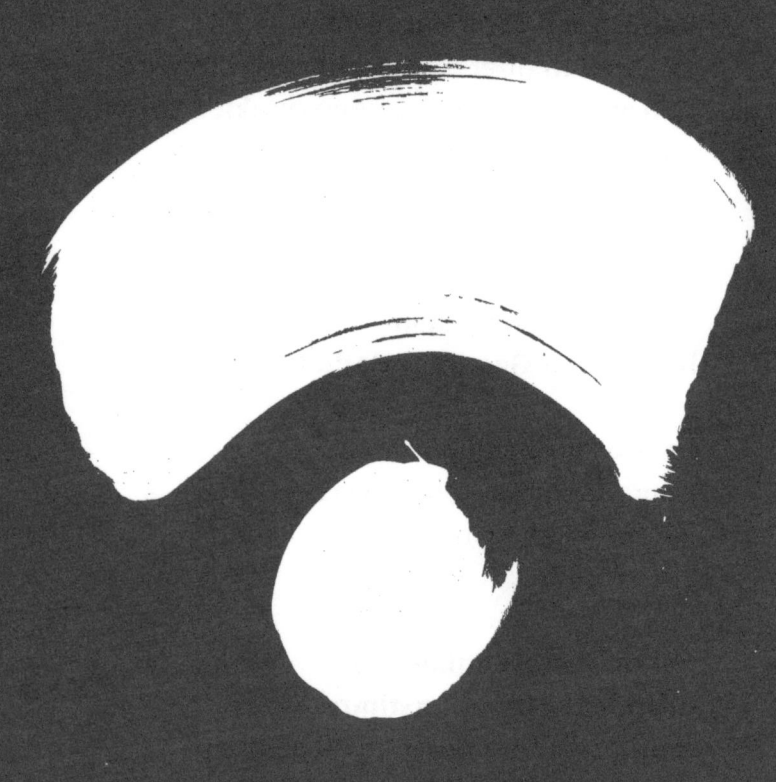

## 7. PROTECTION
# Lerne, dich zu schützen

*»Wofür lernen, wenn es keine Zukunft gibt?«*, schreibt der 19-jährige Jakob Blasel aus Kiel, einer der bekanntesten Vertreter von *Fridays for Future* in Deutschland. Es ist eine unbequeme Frage, die wirklich frag-würdig ist. Zugleich organisierte er ein Sommercamp und sagte: *»Damit wir gestärkt aus den Ferien zurückkommen ...«* Wenige weise Worte eines kämpferischen jungen Mannes, die ich besonders hervorhebe, weil es unglaublich viel Kraft und Ausdauer brauchen wird, um nachhaltig Klimagerechtigkeit zu verwirklichen. Im Einklang mit der Natur zu leben bedeutet eben nicht, rund um Uhr online zu sein, sondern einen gesunden Lebensrhythmus einzuüben und zu leben.

Als junger Erwachsener habe ich Raubbau mit meinem Körper betrieben, was mit 38 Jahren zu einem zweijährigen Burnout führte. Deshalb ermutige ich als »gebranntes Kind« alle, zu einer guten Balance mit seinen eigenen Kräften zu finden. In Einklang mit der Natur zu leben befreit uns von dieser zerstörerischen, grenzenlosen Gewinnorientierung, die unsere Lebens- und Beziehungsqualität mindert. Hartmut Rosa (*1965), einer der bekanntesten Soziologen unserer Zeit, der in Jena und Erfurt lehrt, bringt es mit seinen beiden Buchtiteln »Unverfügbarkeit« und »Resonanz« auf den Punkt. Er plädiert für eine Akzeptanz des Unverfügbaren und für resonante Beziehungsformen, damit wir nicht in der Diktatur der Schnelligkeit gefangen bleiben. Ganz Mensch sein bedeutet anzunehmen, dass nicht alles in unseren Händen und in unserer Macht liegt. In einer Gesellschaft, in der wir Tag und Nacht verfügbar sein sollten und in welcher der Regenwald und andere wichtige Wälder einem verheerenden Wirtschaftswachstum geopfert werden, braucht es kluge Frauen und Männer, die aus einem inneren Feuer *(feu sacré* = heiliges Feuer) heraus kämpferisch aktiv werden, ohne jedoch selbst auszubrennen.

Ich lese jeden Morgen eine Tageszeitung, weil ich das politische Denken und Handeln nicht den anderen und schon gar nicht den Mächtigen überlassen möchte. Oft spüre ich einen körperlichen Schmerz beim Lesen all der schrecklichen Nachrichten. Deshalb ist es mir nebst meinem Engagement wichtig geworden, mich zu schützen, indem ich jeden Tag Ausschau halte nach *guten Nachrichten* und sie weitererzähle. Genauso wie wir einen effizienten Schutz der Minderheiten brauchen, ist es für jede und jeden persönlich wichtig, sich einem konstanten Jammern, Meckern und Nörgeln zu entziehen. Seit Kindesbeinen sind auch Bäume meine Lebensbegleiter, weil sie mir aufzeigen, wie wichtig eine tiefe Verwurzelung ist, um sich noch mehr auf die Äste hinauswagen zu können. Allen, die ich in diesem Appell zu mehr Menschlichkeit aufrufe, sage ich aufgrund meiner eigenen Lebenserfahrung: Sei auch mit dir selbst befreundet, indem du lernst, gut für dich zu sorgen. Finde eine gute Balance, in der du alltäglich versuchst zu akzeptieren, dass zum Glück nicht alles verfügbar ist und du schon gar nicht! Schaffe dir regelmäßig Nischen des Innehaltens, in denen du dich erinnerst, mehr zu sein als Erfolg und Scheitern! Auch in dir ist ein Schutzraum, der dich zum Verweilen einlädt und in dem du nicht fixierst bleibst auf all das, was noch nicht gelingt, sondern dankbar staunen kannst überall das Gelungene in deinem Leben.

»In den Gängen« (2018) heißt mein Lieblingsfilm aus dem Jahre 2018 des jungen Leipziger Regis-

seurs Thomas Stuber. Umwerfend ist das Schau-
spielerensemble, allen voran Sandra Hüller und
Franz Rogowski, der für seine Rolle beim Deutschen Filmpreis als bester Hauptdarsteller ausge-
zeichnet wurde. Eine unscheinbare Geschichte in
einem riesigen Warenlager eines Großmarktes.
Die Härte dieser Nachschichtarbeit wird keines-
wegs ausgeblendet, zugleich wird mit einer großen poetischen Kraft aufgezeigt, dass die nie en-
denden Fahrten mit einem Gabelstapler auch die
Möglichkeit beinhalten, sich gegenseitig beglü-
ckende Augen-Blicke zu schenken. Achtsamkeit
wird entfaltet in diesem Film, die mich inspiriert,
noch mehr im ganz Alltäglichen das Wunderbare
freizulegen. Gerade an jenen Tagen, an denen ich
mich überfordert fühle, hilft mir der Perspekti-
venwechsel, ab und zu ganz bewusst mich zu
strecken und himmelwärts zu schauen. Ein Stück
Himmel im Alltag wird mir geschenkt, wenn ich
nicht mehr länger auf ein großes Wunder warte,
sondern lustvoll-kreativ entdecke, wie unerwartet
mir Wunderbares geschenkt wird.

# LERNE, DICH ZU SCHÜTZEN

Glücklich
wer den Rhythmus des Lebens
erkennt und akzeptiert
er/sie wird dem Leben zuliebe
begrenztes Wachstum fördern

Glücklich
wer seine Stimme erhebt
für den Schutz von Minderheiten
in Zärtlichkeit und Zorn
in Kampf und Ruhepausen

Glücklich
wer sich dem negativen Sog entzieht
alltäglich Ausschau hält
nach guten Nachrichten
die leidenschaftlich hoffen lassen

Glücklich
wer auch mit sich selbst befreundet ist
gut für sich sorgen kann
regelmäßig tief ein- und ausatmet
als Schutz vor Hektik und Rastlosigkeit

**Liebe Leserin, lieber Leser,**

gerne informieren wir Sie künftig über unsere Neuerscheinungen. Teilen Sie uns mit, für welche Themen Sie sich interessieren und schicken Sie einfach diese Karte zurück. Wenn Sie außerdem unsere Fragen auf der Rückseite beantworten, helfen Sie uns, zukünftig genau DIE Bücher zu machen, die Sie interessieren!

Darüber hinaus nehmen Sie an unserer **monatlichen Verlosung** teil! Die Gewinnerin/der Gewinner erhält Bücher zu den angekreuzten Themen im Wert von € 50,–

VORNAME / NAME

STRASSE / HAUSNUMMER

PLZ / ORT

Unsere AGBs samt Liefer- und Zahlungsbedingungen finden Sie unter www.verlagsgruppe-patmos.de

An die

**VERLAGSGRUPPE PATMOS**

Senefelderstraße 12
73760 Ostfildern

# Ihre Meinung ist uns wichtig!

DIESE KARTE LAG FOLGENDEM BUCH BEI:

_____

IHRE MEINUNG ZU DIESEM BUCH:

_____

_____

_____

_____

_____

Einen Überblick über unser Gesamtprogramm sowie
Beiträge zu vielen spannenden Themen finden Sie unter
www.verlagsgruppe-patmos.de

MEINE E-MAIL-ADRESSE:

_____

Datenschutzhinweis: Ihre personenbezogenen Daten verarbeiten wir ausschließlich zu dem von Ihnen angegebenen Zweck. Ihre Rechte auf Auskunft, Berichtigung,
Einschränkung der Verarbeitung, Löschung und Widerspruch können Sie per Mail an kundenservice@verlagsgruppe-patmos.de wahrnehmen.

# Ich interessiere mich für folgende Themen:

## LEBE GUT

Psychologie & Lebensgestaltung
Religion & Spiritualität
Lifestyle (Essen & Trinken, Garten & Natur)
Geschenkbücher & Karten
Kundenmagazin Lebe gut

## THEOLOGIE

## GESCHICHTE / LANDESKUNDE

Ja, schicken Sie mir zu den angekreuzten Themen
Ihren halbjährlichen **Prospekt** mit allen
Neuerscheinungen an meine Postadresse

Ja, schicken Sie mir zu den Themen Lebe gut,
Theologie und / oder Geschichte / Landeskunde
den jeweiligen **Newsletter** mit den aktuellen
Neuerscheinungen und Veranstaltungshinweisen an
meine E-Mail-Adresse

## 8. WORK

# Lebe deinen Traum einer fairen Welt

*»Gibst du einem Menschen einen Fisch, nährt er sich einen Tag. Lehrst du ihn das Fischen, nährt er sich sein ganzes Leben«,* schreibt der chinesische Philosoph und Dichter Zhuangzi (365–290 v. Chr.). Diese uralte Weisheit aus dem Daoismus ist für mich grundlegend, um dem Kerngedanken der Menschenrechtserklärung über die Gleichheit in seiner ganzen Tiefe gerecht zu werden. Ich begegne dieser Geschichte auch im berührenden Roman »Vom Ende der Einsamkeit« des 35-jährigen Benedict Wells. Er schreibt dazu: *»Gott will, dass wir lernen, selbst für uns zu sorgen. Er gibt uns nicht den Fisch und erhört nicht alle unsere Gebete … das Leben ist dazu da, das Fischen zu lernen.«* Diesen Traum einer fairen Welt, in der jede und jeder sein Potenzial auch in seinem Arbeiten entfalten kann, will ich niemals aufgeben. Er verwirklicht sich, wenn Menschen einander auf Augenhöhe begegnen, und er lebt von der tiefen Menschlichkeit, eine Verbundenheit in der Ver-

schiedenheit zu akzeptieren und zu fördern. Wir dürfen uns nicht mit Spenden – so wichtig finanzielle Unterstützungen sein können – »freikaufen« von der großen Vision der Menschenrechte, dass alle Menschen in Würde und Gleichheit arbeiten können.

Die himmelschreiende Zahl von 170 Millionen (!) Kinderarbeiter*innen zwischen fünf und 17 Jahren verdeutlicht die ganze Brisanz meiner verrückten Vision, dass der Mensch und nicht mehr das Kapital im Zentrum der Arbeit steht. Ich kenne leider zu viele, die ihren Arbeitsplatz verlieren, weil sie nicht mehr so schnell und effizient arbeiten können. Trotzdem und erst recht engagiere ich mich mit vielen für faire Löhne, die wir durch unser bewusstes Einkaufen von Lebensmitteln und Kleidern fördern können. John Lennon singt im Song des Jahrhunderts »Imagine« von der Vorstellungskraft, die wir alle in uns abrufen können. Lebensnah betont er: *»Du wirst vielleicht sagen, ich sei ein Träumer, aber ich bin nicht der Einzige. Ich hoffe, eines Tages wirst auch du einer von uns sein, und die ganze Welt wird wie eins sein.«*

Sein Aufruf ist aktueller denn je. Dabei kann uns auch die daoistische Lebenseinstellung des »Wuwei« unterstützen, was wörtlich »ohne Zu-Tun« bedeutet. Diese uralte Lebensweisheit be-

sagt, sich vermehrt der Kraft der Intuition anzu-
vertrauen, um nicht krampfhaft etwas erreichen
zu wollen. Sie meint kein bloßes Nichtstun, sondern ein gelassenes Einbinden in den Lauf der Din-
ge *(dao)*. In einer Welt, in der wir uns durch einen
Machbarkeitswahn die Zukunft zerstören, finde
ich diese Kurskorrektur not-wendend. Mitgestal-
ten an einer Welt, die anders werden kann, zärtlicher und gerechter, bedeutet nicht, Tag und
Nacht zu schuften, sondern vermehrt aus der
Kraft der Intuition, der Träume und einer Vision
zu handeln. Diese Lebensweisheit hat sich auch in
meinem Leben bewährt. Zudem wird in der he-
bräischen Bibel im kleinen prophetischen Buch
Joël diese not-wendende Lebenskunst Jung und
Alt zugesprochen: »*Eure Alten werden Träume
träumen und eure jungen Leute Visionen haben*«
*(3,1)*. Ich vertraue auf die Visionskraft vieler Menschen, die unsere Arbeitsethik menschlicher werden lassen.

Diese Hoffnung entdecke ich auch in einem Vortrag von Aleida und Jan Assmann, die 2018 den
Friedenspreis des Deutschen Buchhandels erhalten haben. Aleida Assmann weist zu Recht darauf hin, dass wir Menschenrechte und Menschenpflichten haben. Sie erinnert in ihrem Buch
»Menschenrechte und Menschenpflichten.

Schlüsselbegriffe für eine humane Gesellschaft«,
dass 1997 Helmut Schmidt, Franz Vranitzky,
Schimon Peres und andere Staatsmänner und
-frauen eine »Allgemeine Erklärung der Menschenpflichten« veröffentlicht haben, die auf die
*Goldene Regel* zurückgreift, wie sie auch Hans
Küng in seinem »Weltethos« entfaltet hat: *»Was
du nicht willst, das man dir tut, das füg auch keinem andern zu.«*

Das tolle Konzert LIVE AID, das am 13. Juli 1985 im
Wembley Stadion in London zugunsten Afrikas
stattfand, ist am Schluss des genialen Films »Bo-
hemian Rhapsody« (2018) von Bryan Singer zu
sehen. Rami Malek spielt den legendären Leadsän-
ger Freddy Mercury der Rockband »Queen« in
einer atemberaubenden Intensität. Bevor Mercury
zu diesem Konzert fährt, besucht er seine Eltern.
Berührend ist für mich die Szene, in der sein Vater ihn umarmt und Freddy ihm sagt: »Gute Gedanken, gute Worte, gute Taten, so wie du es mir
beigebracht hast, Papa.« Dieses und viele andere
Konzerte beweisen, dass die Umsetzung einer Vision unglaublich viele Kräfte freilegt. Es bleibt
noch viel zu tun, packen wir es an und lassen wir
den Traum einer fairen Welt gemeinsam wahr
werden!

**FEBRUAR** 2021

Foto: Krokusse © mauritius images/John Richmond/Alamy

# Sudoku

| 3 | 2 |   | 8 | 9 |   |   |   |   |
|---|---|---|---|---|---|---|---|---|
|   | 5 | 4 |   |   | 6 |   | 9 |   |
| 9 |   |   |   | 2 |   | 3 |   |   |
| 1 | 8 |   |   |   |   |   |   | 3 |
|   |   |   | 3 | 1 | 2 |   |   |   |
| 7 |   |   |   |   |   |   | 2 | 1 |
|   |   | 5 |   | 8 |   |   |   | 9 |
|   | 7 |   | 6 |   |   | 5 | 3 |   |
|   |   |   |   | 7 | 9 |   | 1 | 4 |

Zahlen von 1 bis 9 sind so einzutragen, dass sich jede dieser neun Zahlen nur einmal in einem Neunerblock, nur einmal auf der Horizontalen und nur einmal auf der Vertikalen befindet.

*Auflösungen auf der Dezember-Rückseite*

# LEBE DEINEN TRAUM EINER FAIREN WELT

**Erwache zum Träumen**
**aus dem Schlaf der Resignation**
**lass dich begeistern**
**glaube an das Unmögliche**

**Begrenztes Wachstum**
**faire Arbeitsbedingungen**
**gerechte Löhne**
**bleiben keine Utopie**

**Deinen SPIRIT**
**kannst du mit Verbündeten**
**lustvoll-nachhaltig**
**in kreativen Projekten umsetzen**

**Weigere dich**
**nur zu funktionieren**
**docke an deiner Visionskraft an**
**geh deinen ureigenen Weg**

## 9. RECREATION
# Genieße das Leben

»*Mein liebstes Stück Deutschland ist die Nordsee-
küste! Ich liebe den Sand, Dünen und Deiche und
den Blick in die Ferne über das Watt oder das Meer.
Besonders schön ist es, wenn das Meer bewegt ist
und ein ordentlicher Wind weht*«, schreibt die fas-
zinierende Schauspielerin Julia Jentsch (* 1978).
Ja, so ist es! Seit ich in Norddeutschland wohne,
konnte ich die sieben ostfriesischen Inseln besuchen: Wangerooge, Spiekeroog, Langeoog, Balt-
rum, Norderney, Juist und Borkum. Wenn ich dann
stundenlang am Meer entlanggehe, dann kann ich
mich gehen lassen, und was für ein Glück: Es
denkt nicht mehr in mir! Meine Sorgen werden
vom Wind weggepustet und viel mehr, das Kommen und Gehen der Wellen, Ebbe und Flut stiften
in mir ein Vertrauen in das *wirkliche* Leben, das
hell und dunkel, schwer und leicht, werden und
sterben bedeutet. Mir war nicht bewusst, dass im
24. Artikel der Menschenrechtserklärung steht:
»*Jeder hat das Recht auf Erholung und Freizeit und
insbesondere auf eine vernünftige Begrenzung der
Arbeitszeit und regelmäßigen bezahlten Urlaub*«.

Schöpferisch sein, sich durch die Arbeit verwirklichen können gehört wesentlich zu unserem
Menschsein. Damit ist jedoch kein Dasein im
Hamsterrad gemeint, in dem wir uns rastlos und
hektisch trotz intensivem Arbeiten nur im Kreis
drehen. In einer zunehmend digital und virtuell
bestimmten Welt brauchen wir die Klugheit, uns
»durchlüften« zu lassen. Sabbat- und Brachzeit
heißen die »Geschenke« der jüdischen Religion an
die ganze Menschheit, die vor über 3000 Jahren
und bis jetzt revolutionär bleiben. Das Sabbatge-
bot der »Zehn Worte«, wie die jüdische Überliefe-
rung die Zehn Gebote nennt (»Tora« heißt wörtlich nicht »Gesetz«, sondern »Weisung/
Ermutigung«), betrifft nicht nur den Menschen,
sondern auch Rind, Esel, Vieh, und es betrifft
auch die Fremden, die arbeiten! Alle sollen einen
Tag ausruhen dürfen! Höchst brisante Worte, die
heute einen besonderen Schutz brauchen.

Seit meinem Bewusstseinswandel nach meinem Burnout entziehe ich mich immer wieder all
den Ansprüchen, und ich schaffe mir Sabbatzei-
ten, weil ich dank dem Aushalten der Leere in
eine schöpferische Kreativität gelange, die mir
danach einfach zu-fällt. Ich kenne keine Künst-
ler*in, die sich nicht immer wieder zurückzieht,
um Lange-weile auszuhalten, weil neue geniale

Geistesblitze oft eintreffen, wenn wir uns »entlee-
ren« und offen werden für Neues. Das sagt auch
der daoistische Philosoph Lao Tse, der im 6. Jahrhundert vor Christus gelebt hat in seinem »Tao Te
King« kurz und klar: »*Ist man beim Nicht-Tun an-
gekommen, bleibt nichts ungetan.*« Staunend-
dankbar das Leben jeden Tag als Geschenk genießen zu können und es auszukosten in sinnlicher
Achtsamkeit führt uns zu einem einfachen Lebensstil. Dabei wird die Natur zu einem wunderbaren Kraftort, sei es am Meer, in den Bergen, im
Wald, wenn wir all unsere Sinne öffnen. Dann erfahren wir lustvoll Eros als tiefste, göttliche Le-
bensquelle, die uns tanzend durch das Leben gehen lässt. Ein sinnliches Leben, in dem wir auch
zerbrechlich, verloren, verwundet sein dürfen,
weil dies wesentlich zum Rhythmus des Lebens
gehört.

Im eindrücklichen Dokumentarfilm »But beauti-
ful« (2019) des österreichischen Filmemachers
Erwin Wagenhofer, der schon mit seinen aufrüt-
telnden Filmen wie »We feed the world« und »Al-
phabet« zu einem Bewusstseinswandel aufruft,
werde ich an all das Schöne und Gute erinnert,
das es eben auch gibt auf dieser Welt. Erwin
Wagenhofer sagt: »Mit meinen 60 Jahren habe ich

keine Zeit mehr, Pessimist zu sein.« Deshalb zeigt
er gelungene Projekte weltweit, in denen Menschen in Einklang mit der Natur leben: Frauen
ohne Schulbildung in Indien, die Solaranlagen für
Dörfer auf der ganzen Welt bauen, und ein Förs-
ter, der die gesündesten Häuser der Welt entwi-
ckelt … Dank einem jungen Jazztrio, einem Pianisten und einer kolumbianischen Sängerin höre ich
den Klang der Schönheit, der uns erinnert, dass
nichts unabhängig voneinander existiert. Einmal
mehr erlebe ich im Kino ermutigende Beispiele
einer wirklich geerdeten Spiritualität: mit allen
Sinnen eintauchen in die Schönheit des Lebens,
um mit Klarheit und Entschiedenheit auch für sie
kämpfen zu können. Lebensgenuss und Engagement werden nicht mehr getrennt, sie gehören zu
einem glücklichen Leben!

# GENIESSE DAS LEBEN

Gönne dir Verschnaufpausen
lass dich nicht leben
hol dir immer wieder
was du zum Leben brauchst

Genieße dein Leben
schütze es mit deiner Kraft
freue dich an der Schönheit
trag Sorge zu ihr

Entdecke deine Lebensfreude
im kreativen Einsatz
für Natur-Wohl
für Tier-Wohl

Lebe jetzt im Augen-Blick
verweile genussvoll in der Natur
stoppe dein Gedankenkarussell
atme tief ein und aus

## 10. CREATIVITY
# Entfalte
# deinen Humor

Schon am Morgen beim Erwachen, dem Leben zuzulächeln, habe ich beim buddhistischen Mönch
und Friedensaktivisten Thich Nhat Hanh (* 1926)
gelernt. Alles, was ich mir mit sehr viel Idealismus
und sehr verkrampft aufgebaut habe, ist mit 38
Jahren durch eine wochenlange Schlaflosigkeit
wie ein Kartenhaus in sich zusammengebrochen.
Ich war sehr verbissen unterwegs, weil ich recht
haben wollte! Wenn nun in Berlin an einem internationalen Zahnärztekongress mit Erschrecken
informiert wird, dass immer mehr Kinder nachts
mit ihren Zähnen knirschen, dann können wir den
Vorbildcharakter und die gesundheitspolitische
Dimension in einem einfachen Lächeln erkennen.
Seit meinem Burnout versuche ich schon morgens,
dem Leben zuzulächeln. Mein jahrelanger Übungs-
weg trägt nun Früchte. Es gibt für mich kein schö-
neres Kompliment, als wenn Menschen mir nach
einem Vortrag sagen, dass es mir gelingt, auch
schwere, schmerzvolle Themen mit Humor und

Leichtigkeit zu entfalten. Ganz konkret hilft mir folgende Übung:

*Mein besorgter Gesichtsausdruck kann sich entspannen, wenn ich die Kuppen der Zeige-und Mittelfinger meiner rechten (oder linken) Hand zwischen meine beiden Augenbrauen lege und sie danach mehrmals sanft-bestimmt die Stirn hoch streiche ...*

So einfach soll das sein? Dies klingt »bubileicht«, aber ich habe lange gebraucht, um mein verbissenes Gesicht in ein lächelndes zu verwandeln.

Gerade in den Begegnungen mit Menschen aus Afrika und Lateinamerika werde ich zu einem lächelnden Augen-Blick angesteckt. Menschen, die mit größten materiellen Sorgen um ihr Überleben kämpfen, lehren mich, dass ein kämpferisches Handeln noch mehr an Überzeugungskraft gewinnt, wenn das Engagement auch mit Humor verwirklicht werden kann. Der irische Dichter John O'Donohue (1956–2008) verblüfft mich im Entfalten seiner keltischen Weisheit, wenn er schreibt: *»Im menschlichen Gesicht verinnerlicht sich die Anonymität des Universums zur Intimität. Der Traum der Winde und der Ozeane, die Stille der Sterne und der Berge haben im menschlichen Gesicht eine mütterliche Gegenwärtigkeit erreicht.*

*Die verborgene heimliche Wärme der Schöpfung
kommt hier zum Ausdruck.«* Was für ein inspirie-
render Gedanke, der unserem sozialpolitischen
Handeln mit einem lachenden Gesicht eine ver-
trauensvolle Verbundenheitsdimension verleihen
kann. Mit einem entspannenden Lächeln können
wir andere von innen her mehr begeistern für eine
ökologische Achtsamkeit. Wenn ich auf mein Leben zurückblicke, dann erkenne ich klar bis zum
meinem Burnout eine verbissene Grundhaltung,
auch weil mein Gerechtigkeitssinn sehr groß ist.
Dahinter steckte auch die überfordernde Angst,
nicht zu genügen. O ja, ich kenne zur Genüge,
nicht zu genügen. Seit ich Spiritualität und Engagement nicht mehr trenne, weil ich mich täglich
erinnere, in einem größeren Ganzen eingebunden
zu sein, lebe und engagiere ich mich ausgeglichener. Diese Balance ereignet sich nicht auf Kosten
von Effizienz, ganz im Gegenteil. Seit ich auch
über mich selbst lachen kann, vergrößern sich
meine Solidaritätskreise aus dem Vertrauen, dass
mein Beitrag genügt!

Diese ansteckende Lockerheit, die gerade mit einem erfrischenden Humor eine solidarische Widerstandskraft fördert, entdecke ich mit tiefer
Freude in einem Glücksfall von Film »Der Glanz

der Unsichtbaren« (2018) von Louis-Julien Petit. Eine Million Zuschauende konnte dieser leuchtende Spielfilm über wohnungslose Frauen in Frankreich in die Kinos locken. Komisch, berührend, zum Lachen und Weinen bewegend, begegne ich in diesem Film Frauen, die für ihre einmalige Würde kämpfen, indem sie nicht nur Zorn, sondern auch Zärtlichkeit und Humor leben dürfen. Vier Sozialpädagoginnen kämpfen mit den Frauen, die keinen Wohnort haben, für ihre soziale Wiedereingliederung. Wie kann dies gelingen? Indem sie die verborgenen Kernkompetenzen dieser Frauen freilegen. Sie locken professionelle Talente aus den Einzelnen hervor, in dem konstruktiv-konfliktfähig das Verlassen der Opferrolle zugemutet wird. Sie tun es mit Entschiedenheit und Leichtigkeit. Exemplarisch ermutigt mich dieser Film, mich noch bestimmter für die Verwirklichung der Menschenrechte ein- und auszusetzen, indem ich mit anderen die Kraft des Humors kultiviere, in der auch die Selbstironie ihren Platz haben darf. Wenn ich also am Morgen mir beim Blick in den Spiegel zulächle, dann ist dies für mich keine nette Belustigung, sondern mein entschieden-leichter Ausdruck, mich auch heute zu verbinden mit all den Menschen, die mit Fröhlichkeit und beharrlicher Geduld der Menschlichkeit eine Chance geben.

# ENTFALTE DEINEN HUMOR

Dein ansteckendes Lachen
fördert deine Widerstandskraft
für eine menschlichere Welt
in der die Würde jedes Menschen
Ansehen und Respekt erhält

Zärtlichkeit und Zorn
weisen uns den Weg
zu einer kämpferischen Gelassenheit
in der uns kreative Lösungsmöglichkeiten
auch mal zufallen können

Lass endlich aufleuchten
was zu lange in dir versteckt war
werde trans-parent
für einen lachenden Segen
der zur Mitmenschlichkeit bewegt

Humor ist eine Kraftquelle
im Einsatz für die Menschenrechte
Humor stärkt unser Selbstbewusstsein
und unsere Widerstandskraft
für eine buntere Welt

## 11. COMMUNITY
# Entdecke die Power des Miteinanders

Felix Finkbeiner (* 1997) war gerade mal neun Jahre alt, als er sich für ein Schulreferat zum Thema »Klimakrise« vorbereitete und dabei entdeckte, dass Wangari Maathai (1940–2011), die Friedensnobelpreisträgerin aus Kenia, in dreißig Jahren dreißig Millionen Bäume mit unzähligen Frauen in vielen afrikanischen Ländern gepflanzt hat. Mit neun Jahren kam ihm folgender genialer Gedanke: Wenn die Erwachsenen nicht genug tun, um die Klimakrise zu verhindern – wie wäre es, wenn Kinder das in die Hand nehmen? So endete er sein Referat mit den Worten: *»Lasst uns in jedem Land der Erde eine Million Bäume pflanzen!«* Sein Aufruf trägt Früchte, über 81 000 Kinder aus 73 Ländern setzten seine Worte in Taten um (www.plant-for-the-planet.org). Welch eindrückliches Beispiel einer Power des Miteinanders, die konfrontiert wird mit der erdrückenden Zahl von 120 Milliarden Bäume, die im vergangenen Jahr-

zehnt vernichtet wurden. Ein schrecklicher
Grund, der Felix Finkbeiner, heute Student an
der ETH Zürich, zu einer »Trotzdem-Hoffnung«
bewegt, in dem er nun eine Billion (1000 Milliarden!) Bäume fordert, die JETZT gepflanzt werden
müssen.

Seine kämpferische Art erinnert mich an Stéphane Hessel (1917–2013), der an der Redaktion der
Charta der Menschenrechte beteiligt war und 2010
vor allem auch jungen Menschen zurief: »Empört
Euch!« Für Stéphane Hessel ist das Schlimmste
die Gleichgültigkeit, und so ruft er auf *»zu einem
wirklichen, friedlichen Aufstand gegen die Massen-
kommunikationsmittel, die unserer Jugend keine
andere Perspektive bieten als den Massenkonsum,
die Verachtung der Schwächsten und der Kultur,
den allgemeinen Gedächtnisschwund und die maß-
lose Konkurrenz aller gegen alle.«* Millionenfach
wurde sein kleines Manifest »Empört Euch!« auch
von vielen jungen Erwachsenen gelesen. Auf dem
Weg zu mehr Menschlichkeit werden die Grenzen
des Alters aufgelöst: Es ist ein Leben lang möglich,
immer wieder klein anzufangen. Die Lebensschule
des Friedensmenschen aus Nazareth ermutigt uns
zu einer Solidarität, in der Kinder auch gemeinsam
mit älteren Menschen für ein Leben *vor* dem Tod
aufstehen.

Daran erinnere ich mich dankbar jeden Morgen
mit den einfachen Worten: »Merci, la vie«, weil
ich zu einer jahrtausendalten Community gehöre,
die sie nicht kleinkriegen lässt. Es ist nicht einfach, jedoch möglich, mich jeden Morgen neu zu
entscheiden, auf all das zu schauen, was heute
kraftvoll miteinander gelingt weltweit. Dabei ver-
schließe ich die Augen, Ohren und vor allem mein
Herz nicht vor all dem Schrecklichen, das Menschen einander zufügen können. In dieser positi-
ven Erinnerungswiderstandskraft steht die junge
Anne Frank (1929–1945) bestärkend neben mir mit
ihren zeitlosen Worten: *»Trotz allem glaube ich
an das Gute im Menschen.«*

Die Menschenrechte erzählen von dieser verrückten Hoffnung, dass eine zärtlich-gerechtere
Welt möglich ist. Die Menschenrechte werden jeden Tag grausam mit Füßen getreten und zugleich
geht ihre Saat jeden Tag unerwartet-entschieden
auf, dank unzähliger kreativer Frauen und Männer, die dem Frieden eine Chance geben. Dieser
Aufbruch nährt mein Vertrauen in die Macht der
Ohnmächtigen, wie ich realistisch die »Friedens-
community« nenne. Angesichts der zunehmenden
Schere zwischen Reich und Arm kann man/frau
unbemerkt pessimistisch werden. Mich wird jedoch jene Ohnmacht nicht lähmen, weil ich ganz

konkret regelmäßig den Tag hindurch innehalte, tief ein- und ausatme und mich erinnere, wie viel Gutes jetzt in diesem Moment geschieht. Ganz bewusst wiederhole ich auch in diesem Kapitel meine Lebensphilosophie, weil es mir nicht genügt, sie nur ab und zu zu hören. Gegen die subtile Impfung »Da kann man eh nichts machen« brauche ich täglich die Erinnerung an die Power, die tief in jeder und jedem von uns als Segenskraft angelegt ist, viel bewirken zu können … manchmal auch in der Bescheidenheit, die Früchte nicht mehr selbst ernten zu können! Auch die Widerstandskraft der katholischen Frauen, die in der Aktion »Maria 2.0« und »Maria, schweige nicht!« des Katholischen Deutschen Frauenbundes erfahrbar wird, bestärkt mich zu diesem langen Atem der Hoffnung.

»Alles außer gewöhnlich« (2019) – ein Film, der von Menschen erzählt, die aufzeigen, dass ein Miteinander nicht nur möglich, sondern beglückend ist. Den begabten französischen Regisseuren Eric Toledano und Olivier Nakache gelingt es – nach ihrem Hit »Ziemlich beste Freunde« –, die Power der Mitmenschlichkeit mit Mitgefühl und Leichtigkeit zu feiern. Im Zusammensein mit autistischen Menschen vollbringen die beiden Be-

treuer Bruno und Malik berührende Wunder, die
mich zum Lachen und Weinen bewegen. Einige
Autisten wirken als Schauspieler im Film mit,
zum Beispiel Benjamin Lesieur, der auf der Aus-
wahlliste für den Preis als bester französischer
Nachwuchsdarsteller stand. Die Härte des Alltags
mit autistischen Menschen wird in diesem zutiefst menschlichen Film nicht ausgeblendet, doch
es gelingt dem ganzen Team, einen unverbesser-
lichen Optimismus zu entfalten. Gemeinsames
Spiel, Sport und ein Tanzprojekt (HUMAN lässt
grüßen!), welche die Grenzen der Behinderung für
Momente aufweichen, zeigen mir die berührend-
unvergesslichen Filmszenen, die von der unauf-
haltsamen Kraft des Miteinanders erzählen.

# POWER ZUM AUFBRUCH

Miteinander aufbrechen
aus den Komfortzonen
spielerisch der Härte des Lebens
mit lustvoller Kreativität begegnen

Sich nicht mehr lähmen lassen
vom weitverbreiteten Irrtum
eh nichts machen zu können
einander zum Optimismus locken

Sich gegenseitig das Rückgrat stärken
seine Talente nicht mehr verstecken
selbstbewusst und solidarisch
neue Wege des Miteinanders wagen

Beherzt einander bestärken
im Aushalten von dunklen Stunden
im Auskosten von schönen Momenten
im kreativen Protest für das Leben

## DEATH
# Du darfst *end-lich* sein

Als Jugendlicher habe ich einige Worte des französischen Philosophen Gabriel Marcel (1889–1973) handschriftlich auf ein großes Blatt geschrieben und es über mein Bett aufgehängt:

*Einen Menschen lieben*
*heißt ihm sagen:*
*Du wirst nicht sterben.*

Damit wollte ich meine Revolte gegen den Tod ausdrücken und meine ver-rückte Hoffnung, dass auch der Tod mir niemals nehmen kann, was ich in Liebe mit einem Menschen erfahren habe. In den letzten 45 Jahren habe ich als achtsamer Mensch immer mehr angenommen, dass zu einem liebend-leidenschaftlichen Leben auch der Tod gehört. Jeden Tag »sterben« wir »kleine Tode«, weil wir spüren, dass all unser Tun immer nur Stückwerk ist. Unsere Enttäuschungen, unsere Konflikte, unsere zerbrechliche Gesundheit fordern uns heraus, jeden Tag noch bewusster das

Leben als Geschenk zu feiern. Das Annehmen meiner Endlichkeit, meiner Verwundbarkeit und meiner Begrenztheit unterstützt mich, ganz Mensch zu werden, mich noch mehr zu entfalten und zugleich anzunehmen, dass all meine Bemühungen unvollkommen sein dürfen. Die uralte Weisheit »*Lebe jeden Tag, als ob es dein letzter wäre*« ist mir zur Lebenshilfe geworden, weil ich dadurch noch intensiver all das Schöne und Bezaubernde des Lebens auskoste und zugleich verinnerliche, dass es nicht selbstverständlich ist, lebendig zu sein. Mich mit meinem Sterben anfreunden lässt mich nicht depressiv werden, sondern ist für mich eine alltägliche Einladung, das Paradoxe im Leben zu integrieren:

- mein Möglichstes tun, um die Umsetzung der Menschenrechte zu fördern, und zugleich annehmen, dass es leider nie ganz gelingen wird ...
- meine ganze Lebenskraft einsetzen, um Leiden zu verhindern, und zugleich annehmen, dass ich als Liebender noch intensiver Schmerz und Leid erfahre ...
- mich entschieden für ein Leben vor dem Tod einsetzen und zugleich vertrauen, nicht nur mein ganzes Leben, sondern auch mein Sterben als Geburtsprozess zu sehen ...

- wenn das Weizenkorn in die Erde fällt und stirbt, kann es neuem Leben entgegenwachsen ...

Als Margarethe von Trotta (* 1942), deren Filme ich besonders schätze, am 4. Mai 2019 den Ehrenpreis des Deutschen Filmpreises erhielt, wurde sie nach ihren Träumen gefragt. Ihre Antwort berührt mich sehr: *»Ich hoffe, dass die Träume nie aufhören, selbst wenn der Tod kommt ... noch in den Tod hinüberträumen, das wäre das Schönste!«* Ich engagiere mich so leidenschaftlich für ein humaneres Miteinander, weil ich täglich vertrauen möchte, dass unsere göttliche Liebeskraft uns zum Träumen und zum Aufstand für das Leben bewegt, damit unsere »Trotzdem-Hoffnung« wächst. Dorothee Sölle (1929–2003) umschreibt diese Verwurzelung poetisch: *»Hör nicht auf, mich zu träumen, Gott, ich will nicht aufhören, mich zu erinnern, dass ich dein Baum bin, gepflanzt an den Wasserbächen des Lebens.«*

Noch einmal: auch Kinder und Jugendliche können unsere spirituellen Begleiter sein, weil sie uns lehren, Leben und Sterben nicht mehr zu trennen. Ihr Spiel ist »todernst«, weil darin alle Dimensionen unseres Lebens anklingen. Diese Lebensweisheit ist einzigartig zu sehen im französischen

Dokumentarfilm, »Kleine Helden. Nichts kann unsere Freude stoppen« (2018) der französischen Regisseurin Anne-Dauphine Julliand, ein Überraschungserfolg in den Kinos. In diesem bewegenden Film begegne ich fünf todkranken Kindern, Ambre, Camille, Charles, Imad und Tugdual, die zwischen sechs und neun Jahre alt sind. Ein Film, der das Leben feiert, weil sich paradoxerweise angesichts des Sterbens intensivstes Leben ereignet. Die Hommage an die Menschenrechte, zu der uns tanzende Jugendliche einladen, locken uns zu einem liebend-leidenschaftlichen Leben, in dem wir den Tod nicht weiterhin als Störfall des Lebens sehen, sondern als Teil eines erfüllten Lebens. Ich ermutige Jung und Alt, die Kunst des Sterbens miteinander einzuüben, in dem wir unsere Familienmitglieder, Omas und Opas und auch jüngere Freundinnen und Freunde aus Schule oder Sportverein, auch in kranken Tagen besuchen. Es ist möglich, wenn wir uns entschieden befreien vom Diktat eines leistungsorientierten Lebens, in dem es keine Krankheit und Behinderung geben soll. Einfach da sein, zärtlich eine Hand halten, gemeinsam Tränen vergießen, lassen uns »hineintanzen« in eine Lebendigkeit, in der Lachen und Weinen sich umarmen. Die Kinder im Film »Kleine Helden« machen es uns vor. Sie zeigen uns den Schlüssel zum Umgang mit einer zerbrechlichen Krankheit, indem sie noch intensiver in der Kraft des Augen-Blicks verweilen und sich ihre Lebensfreude nicht nehmen lassen. Ihre »altklugen« Sinnsprüche begleiten mich weiterhin:

*»Wer krank ist, hört nicht auf, glücklich zu sein.«*
*»Wenn ein Freund stirbt, ist man lange traurig.*
*Aber danach ist man auch wieder glücklich.«*
*»Nichts hält einen davon ab, glücklich zu sein.«*

# ENDLICH SEIN

End-lich sein dürfen
jetzt voll und ganz leben
nicht mehr auf später verschieben
was jetzt gelebt werden möchte

Mitten im Leben
vom Dunkel zum Licht
vom Schmerz zur Heilung
vom Konflikt zum Frieden

End-lich sein dürfen
die Kunst des Sterbens einüben
Tränen fließen lassen
glücklich-mitfühlend sein

Angesichts des Sterbens
intensivstes Leben erfahren
angerührt zu einer Dankbarkeit
die Zeit und Ewigkeit verbindet

End-lich sein dürfen
im Leben und im Sterben
hineingeboren werden
ins göttliche Werden

 LOVE

 HOME

 PROTECTION

 WORK

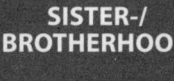
SISTER-/
BROTHERHOOD

 RECREATION

EQUALITY

 CREATIVITY

LIBERTY

 NEEDS

   COMMUNITY

BIRTH    DEATH

# ALLGEMEINE ERKLÄRUNG DER MENSCHENRECHTE

## Präambel

Da die Anerkennung der angeborenen Würde und der gleichen und unveräußerlichen Rechte aller Mitglieder der Gemeinschaft der Menschen die Grundlage von Freiheit, Gerechtigkeit und Frieden in der Welt bildet,

da die Nichtanerkennung und Verachtung der Menschenrechte zu Akten der Barbarei geführt haben, die das Gewissen der Menschheit mit Empörung erfüllen, und da verkündet worden ist, dass einer Welt, in der die Menschen Rede- und Glaubensfreiheit und Freiheit von Furcht und Not genießen, das höchste Streben des Menschen gilt,

da es notwendig ist, die Menschenrechte durch die Herrschaft des Rechtes zu schützen, damit der Mensch nicht gezwungen wird, als letztes Mittel zum Aufstand gegen Tyrannei und Unterdrückung zu greifen,

da es notwendig ist, die Entwicklung freundschaftlicher Beziehungen zwischen den Nationen zu fördern, da die Völker der Vereinten Nationen in der Charta ihren Glauben an die grundlegenden Menschenrechte, an die Würde und den Wert der menschlichen Person und an die Gleichberechtigung aller Menschen erneut bekräftigt und beschlossen haben, den sozialen Fortschritt und bessere Lebensbedingungen in größerer Freiheit zu fördern,

da die Mitgliedstaaten sich verpflichtet haben, in Zusammenarbeit mit den Vereinten Nationen auf die allgemeine Achtung und Einhaltung der Menschenrechte und Grundfreiheiten hinzuwirken,

da ein gemeinsames Verständnis dieser Rechte und Freiheiten von größter Wichtigkeit für die volle Erfüllung dieser Verpflichtung ist, verkündet die Generalversammlung

diese Allgemeine Erklärung der Menschenrechte als das von allen Völkern und Nationen zu erreichende gemeinsame Ideal, damit jeder einzelne Mensch und alle Organe der Gesellschaft sich diese Erklärung stets gegenwärtig halten und sich bemühen, durch Unterricht und Erziehung die Achtung vor diesen Rechten und Freiheiten zu fördern und durch fortschreitende nationale und internationale Maßnahmen ihre allgemeine und tatsächliche Anerkennung und Einhaltung durch die Bevölkerung der Mitgliedstaaten selbst wie auch durch die Bevölkerung der ihrer Hoheitsgewalt unterstehenden Gebiete zu gewährleisten.

## Artikel 1 (Freiheit, Gleichheit, Solidarität)

Alle Menschen sind frei und gleich an Würde und Rechten geboren. Sie sind mit Vernunft und Gewissen begabt und sollen einander im Geist der Solidarität begegnen.

## Artikel 2 (Verbot der Diskriminierung)

Jeder Mensch hat Anspruch auf die in dieser Erklärung verkündeten Rechte und Freiheiten ohne irgendeinen Unterschied, etwa aufgrund rassistischer Zuschreibungen, nach Hautfarbe, Geschlecht, Sprache, Religion, politischer oder sonstiger Überzeugung, nationaler oder sozialer Herkunft, Vermögen, Geburt oder sonstigem Stand.

Des Weiteren darf kein Unterschied gemacht werden aufgrund der politischen, rechtlichen oder internationalen Stellung des Landes oder Gebiets, dem eine Person angehört, gleichgültig ob dieses unabhängig ist, unter Treuhandschaft steht, keine Selbstregierung besitzt oder sonst in seiner Souveränität eingeschränkt ist.

## Artikel 3 (Recht auf Leben und Freiheit)

Jeder Mensch hat das Recht auf Leben, Freiheit und Sicherheit der Person.

## Artikel 4 (Verbot der Sklaverei und des Sklaven-handels)

Niemand darf in Sklaverei oder Leibeigenschaft gehalten werden; Sklaverei und Sklavenhandel sind in allen ihren Formen verboten.

## Artikel 5 (Verbot der Folter)

Niemand darf der Folter oder grausamer, unmenschlicher oder erniedrigender Behandlung oder Strafe unterworfen werden.

## Artikel 6 (Anerkennung als Rechtsperson)

Jeder Mensch hat das Recht, überall als rechtsfähig anerkannt zu werden.

## Artikel 7 (Gleichheit vor dem Gesetz)

Alle Menschen sind vor dem Gesetz gleich und haben ohne Unterschied Anspruch auf gleichen Schutz durch das Gesetz. Alle haben Anspruch auf gleichen Schutz gegen jede Diskriminierung, die gegen diese Erklärung verstößt, und gegen jede Aufhetzung zu einer derartigen Diskriminierung.

## Artikel 8 (Anspruch auf Rechtsschutz)

Jeder Mensch hat Anspruch auf einen wirksamen Rechtsbehelf bei den zuständigen innerstaatlichen Gerichten gegen Handlungen, durch die die ihm nach der Verfassung oder nach dem Gesetz zustehenden Grundrechte verletzt werden.

**Artikel 9 (Schutz vor Verhaftung und Ausweisung)**
Niemand darf willkürlich festgenommen, in Haft
gehalten oder des Landes verwiesen werden.

**Artikel 10 (Anspruch auf faires Gerichtsverfahren)**
Jeder Mensch hat bei der Feststellung der eigenen
Rechte und Pflichten sowie bei einer gegen ihn er-
hobenen strafrechtlichen Beschuldigung in voller
Gleichheit Anspruch auf ein gerechtes und öffentli-
ches Verfahren vor einem unabhängigen und unpar-
teiischen Gericht.

**Artikel 11 (Unschuldsvermutung)**
1. Jeder Mensch, der wegen einer strafbaren Handlung beschuldigt wird, hat das Recht, als unschuldig
zu gelten, solange seine Schuld nicht in einem öffentlichen Verfahren, in dem er alle für seine Vertei-
digung notwendigen Garantien gehabt hat, gemäß
dem Gesetz nachgewiesen ist.
2. Niemand darf wegen einer Handlung oder Unterlas-
sung verurteilt werden, die zur Zeit ihrer Begehung
nach innerstaatlichem oder internationalem Recht
nicht strafbar war. Ebenso darf keine schwerere Strafe als die zum Zeitpunkt der Begehung der strafbaren
Handlung angedrohte Strafe verhängt werden.

**Artikel 12 (Freiheitssphäre des Einzelnen)**
Niemand darf willkürlichen Eingriffen in das eigene
Privatleben, die eigene Familie, die eigene Wohnung
und den eigenen Schriftverkehr oder Beeinträchti-

gungen der eigenen Ehre und des eigenen Rufes ausgesetzt werden. Jeder Mensch hat Anspruch auf rechtlichen Schutz gegen solche Eingriffe oder Beeinträchtigungen.

## Artikel 13 (Freizügigkeit und Auswanderungsfreiheit)

1. Jeder Mensch hat das Recht, sich innerhalb eines Staates frei zu bewegen und den Aufenthaltsort frei zu wählen.
2. Jeder Mensch hat das Recht, jedes Land, einschließlich des eigenen, zu verlassen und in das eigene Land zurückzukehren.

## Artikel 14 (Asylrecht)

1. Jeder Mensch hat das Recht, in anderen Ländern vor Verfolgung Asyl zu suchen und zu genießen.
2. Dieses Recht kann nicht in Anspruch genommen werden im Falle einer Strafverfolgung, die tatsächlich aufgrund von Verbrechen nichtpolitischer Art oder aufgrund von Handlungen erfolgt, die gegen die Ziele und Grundsätze der Vereinten Nationen verstoßen.

## Artikel 15 (Recht auf Staatsangehörigkeit)

1. Jeder Mensch hat das Recht auf eine Staatsangehörigkeit.
2. Niemandem darf die eigene Staatsangehörigkeit willkürlich entzogen noch das Recht versagt werden, die Staatsangehörigkeit zu wechseln.

## Artikel 16 (Eheschließung, Familie)

1. Heiratsfähige Menschen haben ohne Beschränkung aufgrund von rassistischen Zuschreibungen, aufgrund der Staatsangehörigkeit oder der Religion das Recht, zu heiraten und eine Familie zu gründen. Sie haben bei der Eheschließung, während der Ehe und bei deren Auflösung gleiche Rechte.
2. Eine Ehe darf nur bei freier und uneingeschränkter Willenseinigung der künftigen Ehegatt_innen geschlossen werden.
3. Die Familie ist die natürliche Grundeinheit der Gesellschaft und hat Anspruch auf Schutz durch Gesellschaft und Staat.

## Artikel 17 (Recht auf Eigentum)

1. Jeder Mensch hat das Recht, sowohl allein als auch in Gemeinschaft mit anderen Eigentum innezuhaben.
2. Niemand darf willkürlich des Eigentums beraubt werden.

## Artikel 18 (Gedanken-, Gewissens-, Religionsfreiheit)

Jeder Mensch hat das Recht auf Gedanken-, Gewissens- und Religionsfreiheit; dieses Recht schließt die Freiheit ein, die Religion oder Überzeugung zu wechseln, sowie die Freiheit, die eigene Religion oder Weltanschauung allein oder in Gemeinschaft mit anderen, öffentlich oder privat durch Lehre, Ausübung, Gottesdienst und Kulthandlungen zu bekennen.

**Artikel 19 (Meinungs- und Informationsfreiheit)**
Jeder Mensch hat das Recht auf Meinungsfreiheit
und freie Meinungsäußerung; dieses Recht schließt
die Freiheit ein, Meinungen ungehindert anzuhän-
gen sowie über Medien jeder Art und ohne Rück-
sicht auf Grenzen Informationen und Gedankengut
zu suchen, zu empfangen und zu verbreiten.

**Artikel 20 (Versammlungs- und Vereinigungs-
freiheit)**
1. Alle Menschen haben das Recht, sich friedlich zu
versammeln und zu Vereinigungen zusammenzu-
schließen.
2. Niemand darf gezwungen werden, einer Vereini-
gung anzugehören.

**Artikel 21 (Allgemeines und gleiches Wahlrecht)**
1. Jeder Mensch hat das Recht, an der Gestaltung
der öffentlichen Angelegenheiten des eigenen Landes unmittelbar oder durch frei gewählte Vertre-
ter_innen mitzuwirken.
2. Jeder Mensch hat das Recht auf gleichen Zugang
zu öffentlichen Ämtern im eigenen Lande.
3. Der Wille des Volkes bildet die Grundlage für die
Autorität der öffentlichen Gewalt; dieser Wille muss
durch regelmäßige, unverfälschte, allgemeine und
gleiche Wahlen mit geheimer Stimmabgabe oder in
einem gleichwertigen freien Wahlverfahren zum
Ausdruck kommen.

**Artikel 22 (Recht auf soziale Sicherheit)**
Jeder Mensch hat als Mitglied der Gesellschaft das
Recht auf soziale Sicherheit und Anspruch darauf,
durch innerstaatliche Maßnahmen und internationale Zusammenarbeit sowie unter Berücksichtigung
der Organisation und der Mittel jedes Staates in den
Genuss der wirtschaftlichen, sozialen und kulturellen Rechte zu gelangen, die für die eigene Würde
und die freie Entwicklung der eigenen Persönlichkeit unentbehrlich sind.

**Artikel 23 (Recht auf Arbeit, gleichen Lohn)**
1. Jeder Mensch hat das Recht auf Arbeit, auf freie
Berufswahl, auf gerechte und befriedigende Arbeitsbedingungen sowie auf Schutz vor Arbeitslosigkeit.
2. Jeder Mensch, ohne Unterschied, hat das Recht
auf gleichen Lohn für gleiche Arbeit.
3. Jeder Mensch, der arbeitet, hat das Recht auf gerechte und befriedigende Entlohnung, die ihm und
der eigenen Familie eine der menschlichen Würde
entsprechende Existenz sichert, gegebenenfalls er-
gänzt durch andere soziale Schutzmaßnahmen.
4. Jeder Mensch hat das Recht, zum Schutz der eigenen Interessen Gewerkschaften zu bilden und solchen beizutreten.

**Artikel 24 (Recht auf Erholung und Freizeit)**
Jeder Mensch hat das Recht auf Erholung und Freizeit
und insbesondere auf eine vernünftige Begrenzung
der Arbeitszeit und regelmäßigen bezahlten Urlaub.

**Artikel 25 (Recht auf Wohlfahrt)**

1. Jeder Mensch hat das Recht auf einen Lebensstandard, der Gesundheit und Wohl für sich selbst und die eigene Familie gewährleistet, einschließlich Nahrung, Kleidung, Wohnung, ärztliche Versorgung und notwendige soziale Leistungen, sowie das Recht auf Sicherheit im Falle von Arbeitslosigkeit, Krankheit, Invalidität oder Verwitwung, im Alter sowie bei anderweitigem Verlust der eigenen Unterhaltsmittel durch unverschuldete Umstände.

2. Mütter und Kinder haben Anspruch auf besondere Fürsorge und Unterstützung. Alle Kinder, eheliche wie außereheliche, genießen den gleichen sozialen Schutz.

**Artikel 26 (Recht auf Bildung)**

1. Jeder Mensch hat das Recht auf Bildung. Die Bildung ist unentgeltlich, zumindest der Grundschulunterricht und die grundlegende Bildung. Der Grundschulunterricht ist obligatorisch. Fach- und Berufsschulunterricht müssen allgemein verfügbar gemacht werden, und der Hochschulunterricht muss allen gleichermaßen entsprechend ihren Fähigkeiten offenstehen.

2. Die Bildung muss auf die volle Entfaltung der menschlichen Persönlichkeit und auf die Stärkung der Achtung vor den Menschenrechten und Grundfreiheiten gerichtet sein. Sie muss zu Verständnis, Toleranz und Freundschaft zwischen allen Nationen und allen Gruppen, unabhängig von Herkunft und

Religion, beitragen und der Tätigkeit der Vereinten Nationen für die Wahrung des Friedens förderlich sein.

3. Die Eltern haben ein vorrangiges Recht, die Art der Bildung zu wählen, die ihren Kindern zuteilwerden soll.

## Artikel 27 (Freiheit des Kulturlebens)

1. Jeder Mensch hat das Recht, am kulturellen Leben der Gemeinschaft frei teilzunehmen, sich an den Künsten zu erfreuen und am wissenschaftlichen Fortschritt und dessen Errungenschaften teilzuhaben.

2. Jeder Mensch hat das Recht auf Schutz der geistigen und materiellen Interessen, die ihm als Urheber_innen von Werken der Wissenschaft, Literatur oder Kunst erwachsen.

## Artikel 28 (Soziale und internationale Ordnung)

Jeder Mensch hat Anspruch auf eine soziale und internationale Ordnung, in der die in dieser Erklärung verkündeten Rechte und Freiheiten voll verwirklicht werden können.

## Artikel 29 (Grundpflichten)

1. Jeder Mensch hat Pflichten gegenüber der Gemeinschaft, in der allein die freie und volle Entfaltung der eigenen Persönlichkeit möglich ist.

2. Jeder Mensch ist bei der Ausübung der eigenen Rechte und Freiheiten nur den Beschränkungen un-

terworfen, die das Gesetz ausschließlich zu dem
Zweck vorsieht, die Anerkennung und Achtung der
Rechte und Freiheiten anderer zu sichern und den
gerechten Anforderungen der Moral, der öffentlichen Ordnung und des allgemeinen Wohles in einer
demokratischen Gesellschaft zu genügen.
3. Diese Rechte und Freiheiten dürfen in keinem Fall
im Widerspruch zu den Zielen und Grundsätzen der
Vereinten Nationen ausgeübt werden.

**Artikel 30 (Auslegungsregel)**
Keine Bestimmung dieser Erklärung darf dahin aus-
gelegt werden, dass sie für einen Staat, eine Gruppe
oder eine Person irgendein Recht begründet, eine
Tätigkeit auszuüben oder eine Handlung zu bege-
hen, welche die Beseitigung der in dieser Erklärung
verkündeten Rechte und Freiheiten zum Ziel hat.


Quelle: Allgemeine Erklärung der Menschenrechte
UN-Resolution 217 A (III) vom 10. Dezember 1948 in
der Übersetzung von Amnesty International: https://
www.amnesty.de/alle-30–artikel-der-allgemeinen-
erklaerung-der-menschenrechte
Offizielle deutsche Übersetzung von 1948:
https://www.ohchr.org/EN/UDHR/Pages/Language.
aspx?LangID=ger

## HUMAN CULTURE PROJECT

# Visionär. Kraftvoll. Bewegend.

Initiator von HUMAN [ˈhjuːmən] ist der Komponist Helge Burggrabe. www.human-project.net
Mit diesem rein spendenbasierten Kulturprojekt möchte er ein visionäres, kraftvolles und bewegendes Zeichen für mehr Menschlichkeit setzen. Dazu komponierte er ein großes Musikwerk, das vor allem auch Jugendliche einlädt, sich Grundbedürfnissen der Menschen, wie sie in den UN-Menschenrechten formuliert sind, bewusster zu werden und sich für diese zu engagieren.

Nuancenreich, eindringlich und kraftvoll spiegelt die »HUMAN Suite für Orchester« wichtige, alle Menschen verbindende Ereignisse und Sehnsüchte wider: Beginnend mit der Geburt und endend mit dem Tod drückt die 60-minütige zeitgenössische Komposition in 13 Kapiteln aus, was beispielsweise Freiheit oder Geschwisterlichkeit, was Schutz, Liebe oder Heimat, was das Recht auf Arbeit oder das auf Gesundheit (nicht) bedeuten können.

Die HUMAN Suite ist unter Leitung des britischen Dirigenten Duncan Ward mit dem Deutschen Kammerorchester Berlin, mit Elbtonal Percussion und dem Pianisten John Kameel Farah vom renommierten Label Berlin Classics auf CD/LP eingespielt. Dieses Musikwerk ist die »Grundmelodie« des HUMAN Culture Project.

## Der HUMAN Community Dance

Neben rein konzertanten Orchester-Aufführungen liegt von Anfang an ein besonderer Fokus auf der Umsetzung und Weiterführung der HUMAN Suite mit Tanz. Besonders die Form des »Community Dance« lädt Menschen – unabhängig von Vorkenntnissen im Tanz, von Alter, Traditionen und Lebensstilen, von nationaler, kultureller oder religiöser Zugehörigkeit – dazu ein, die Grundthemen von Mensch-Sein im wörtlichsten Sinne zu »bewegen«.

Inspiriert und begleitet werden sie dabei durch das begeisternde internationale Choreografenteam mit Wilfried van Poppel (NL), Amaya Lubeigt (EPS), Susann Barnett (CHL) und Nanni Kloke (NL), unterstützt durch den weltbekannten Choreografen Royston Maldoom (GB). *»Miteinander zu tanzen, ist eine ideale Plattform, sich in Offenheit, Respekt und Akzeptanz zu begegnen,«* so Wilfried van Poppel.

Aufführungen sind in Deutschland, Österreich und der Schweiz geplant, sowie in Brüssel, Valencia, Viseu, Chile, Bethlehem und weiteren Orten weltweit.

## HUMAN macht Schule

Wilfried van Poppel und Amaya Lubeigt realisieren mit ihrem erfolgreichen Konzept »five days to dance« die HUMAN Idee als Community Dance-Projekte an Schulen. Ausgewählte Visionen und Fragen des Menschseins prägen diese intensive pädagogisch-künstlerische Projektwoche, die mit einer öffentlichen HUMAN Community Dance-Aufführung der Jugendlichen zu Klängen der HUMAN Suite für Orchester und Perkussion abgerundet wird und eindringlich zum Engagement aufruft. Zum 75-jährigen Jubiläum der Verkündigung der UN Menschenrechte ist im Herbst 2023 eine große HUMAN Aufführung mit Jugendlichen beteiligter Schulen in Brüssel geplant.

## Der HUMAN Projektträger

Träger dieses rein spendenbasierten Projektes ist der gemeinnützige Verein musica innova e.V. Dieser initiiert und fördert ideell wie materiell interdisziplinäre Musik- und Kulturprojekte im In- und Ausland sowie musikpädagogische Veranstaltungen. Die Projekte suchen und fördern stets den Dialog und haben das Potenzial, Menschen über Themen und gemeinsame Erfahrungen zu sensibilisieren und zu bewegen. Auf diese Weise bildet und fördert musica innova e.V. ein Netzwerk Begeisterter und zivilgesellschaftlich Engagierter. Informationen unter www.musica-innova.com

## HUMAN unterstützen

Vor allem für die geplanten Schulprojekte in Palästina, in Ländern Osteuropas und in Lateinamerika und für das große HUMAN Finale im Herbst 2023 sind kleine wie große, einmalige wie regelmäßige Zuwendungen auf das Konto von musica innova e.V. willkommen – damit die HUMAN Vision weiter in die Welt kommt:

**musica innova e. V.**
GLS Gemeinschaftsbank
IBAN DE62 4306 0967 4010 7881 00
BIC: GENODEM1GLS
Eine Spendenbescheinigung kann ausgestellt werden. Von Herzen Dank für Ihre Unterstützung!

Kontakt zum HUMAN Projektträger
Reinhold Bretall
Geschäftsführer von musica innova e.V.
bretall@musica-innova.com
www.musica-innova.com

Kontakt zur HUMAN Projektleitung
Elisabeth Bremekamp
contact@human-project.net
www.human-project.net

**Helge Burggrabe: HUMAN**
Deutsches Kammerorchester Berlin,
Duncan Ward, John Kameel Farah
Elbtonal Percussion
CD / LP / Digital
www.neue-meister-music.com

Wie klingt kulturelle Diversität im 21. Jahrhundert?
Diese Frage hat sich der deutsche Komponist Helge
Burggrabe gestellt und mit HUMAN seine persönli-
che musikalische Antwort gegeben.

Gemeinsam mit dem Deutschen Kammerorchester Berlin, dem britischen Dirigenten Duncan Ward, Elbtonal Percussion und dem kanadischen Pianisten John Kameel Farah wurde die Orchesterkomposition HUMAN im Sommer 2020 aufgenommen.

Im Mittelpunkt des Werkes stehen gesellschaftliche Themen und Spannungsfelder wie Leben & Tod, Heimat & Fremde und Liebe & Verlust, die inspiriert sind von der Idee der Menschenrechte und dem Engagement für mehr Freiheit, Gerechtigkeit und Frieden in der Welt.

Helge Burggrabe konzipierte dafür ein Projekt, das über eine reine Musikproduktion hinausgeht. Es ist zugleich auch ein großangelegtes Educational Project an Schulen in ganz Europa, bei dem sich auf der Basis der Musik tänzerisch mit der Allgemeinen Erklärung der Menschrechte der Vereinen Nationen auseinandergesetzt wird, die 2023 den 75. Jahrestag feiert.

*Das Album ist ab dem 16. April 2021 überall erhältlich.*

## Pierre Stutz

Der aus der Schweiz stammende Autor Pierre Stutz ist einer der gefragtesten spirituellen Lehrer unserer Zeit. Er inspiriert in Vorträgen und Kursen im gesamten deutschsprachigen Raum die Menschen zu einer geerdeten und befreienden Spiritualität. Seine über vierzig Bücher haben eine Auflage von mehr als einer Million Exemplaren und wurden in sechs Sprachen übersetzt. Schreiben ist für ihn ein »feu sacré«, ein inneres Feuer. Pierre Stutz lebt in Osnabrück.

www.pierrestutz.ch
instagram: pierrestutzautor

## Helge Burggrabe

Helge Burggrabe ist Musiker, Komponist und künstlerischer Leiter von Kulturprojekten. Zu seinen Kompositionen zählen unter anderem drei Oratorien (Stella Maris, Jehoschua, Lux in Tenebris). Auf seinen Chartres-Reisen, beim Mitsingprojekt HAGIOS und in seinen Konzerten und Workshops zielt er darauf, in Resonanz mit Stille und Musik Räume für wesentliche Erfahrungen und Begegnungen zu öffnen. Er ist Initiator des HUMAN Culture Project. Helge Burggrabe lebt in Fischerhude.

www.burggrabe.de

**Pierre Stutz im Patmos Verlag**

**Lass dich nicht im Stich**
Die spirituelle Botschaft von Ärger, Zorn und Wut
208 Seiten • Hardcover mit Schutzumschlag
2. Auflage ISBN 978-3-8436-0950-0
Oft verbieten sich gerade spirituell begabte Menschen die
»bösen Gefühle«, aber Wut und Zorn gehören ebenso zur
»Grundausstattung« des Menschen wie die Liebe.
»Aggression« lässt sich nicht einfach verdrängen, sondern
prägt Denken und Fühlen, Seele und Körpererfahrung.
Pierre Stutz gibt Hinweise für einen konstruktiven Umgang
mit Aggression.

**Lass dich nicht im Stich**
40 Motivationskarten für einen befreiten Umgang
mit Ärger, Zorn und Wut
40 Karten • Faltschachtel mit Magnetverschluss
ISBN/EAN 978-3-8436-1043-8
Zusammen mit fotografischen Impulsen laden prägnante
Motivationssätze und kurze Texte dazu ein, den Weg zu
einem befreiten Leben zu gehen: Selbstvertrauen entfalten,
sich wehren können, authentisch werden, Selbstver-
antwortung übernehmen, sich nicht an Ungerechtigkeiten
gewöhnen, die Spirale der Gewalt durchbrechen und
gewaltfrei kommunizieren. Für Einzelne und Gruppen.

**Die spirituelle Weisheit der Bäume**
Eine Entdeckungsreise
64 Seiten • Hardcover mit Schutzumschlag
2. Auflage ISBN 978-3-8436-0875-6
Die Gedichte und Gedanken von Pierre Stutz führen einen
inneren Dialog mit der Lebenskraft der Bäume. Gestaltet mit
Baumfotografien von Andrea Göppel, die eigens für dieses
Buch aufgenommen wurden.

ОЖДЕНИЕ KUZAA 誕生 میلاد הולדת BIRTH G

ОТРЕБНОСТИ MAHITAJI 欲求 إحتياجات צרכים N

ЗОБОДА UHURU 自由 חופש حرية LIBERTY

O USAWA 平等 مساواة שיויון EQUALITY GLEICH

/FRATERNITÉ SORELLANZA/FRATELLANZA

LOVE LIEBE AMOUR AMORE A אהבה حبّ

HOME HEIMAT PATRIE PATRIA מולדת وطن

BESKYTTELSE ЗАЩИТА ULINZI 保護 حماية

WORK ARBEIT TRAVAIL LAVOR עבודה عمل

ON RICREAZIONE RECREACIÓN DİNLENME RE

ZI 創造性 إبداع יצירתיות CREATIVITY KRE

共同体 جماعة קהילה COMMUNITY GEMEIN

DØD СМЕРТЬ KIFO 死 موت מוות DEATH T

NACIMIENTO DOĞUM FØDSEL РОЖДЕНИЕ

ESIDADES İHTİYAÇLAR BEHOV ПОТРЕБНОС

LIBERDAD ÖZGÜRLÜK FRIHED СВОБОДА U

UALDAD EŞİTLİK LIGHED РАВЕНСТВО USAWA 平

ESCHWISTERLICHKEIT SORORITÉ/FRATERN

ÆRLIGHED ЛЮБОВЬ UPENDO 愛 حبّ הבה

ATAN HJEM ДОМА NYUMBANI 故郷 وطن לדת

EZIONE PROTECCIÓN GÜVENLİK BESKYTTE

İŞ ARBEJDE РАБОТА KAZI 労働 عمل בודה

RECREATION ERHOLUNG RÉCRÉATION RICREA

REATIVITET КРЕАТИВНОСТЬ UJUZI 創造性

ELLESSKAB СООБЩЕСТВО JAMII 共同体 اعة

TOD MORT MORTE MORTE ÖLÜM DØD СМЕ